# 나의
# 이름은
# 임대운

CALLED BY
ANOTHER NAME

5.18광주항쟁 목격자
데이비드 돌린저 회고록

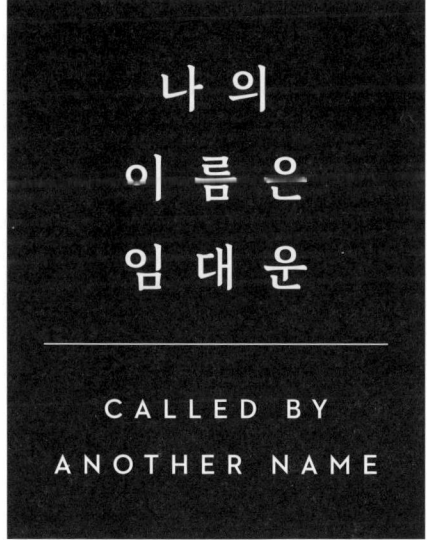

## 저자의 말

**데이비드 돌린저**

지난날 내 자신과 한 약속과 달리, 이 책이 나오기까지 오랜 시간이 걸렸다. 미안한 마음이다. 하지만 왜 이렇게 오래 걸렸는지는 분명히 설명하기 어렵다. 내가 이 책에 쓰고자 하는 이야기가 오랜 과거의 일이기 때문이고, 내가 그곳에서 겪은 고통 때문이며, 이 사건이 초래한 결과를 걱정하지 않았기 때문이기도 하다. 나는 광주항쟁에 대해 이야기하는 것을 두려워해 본 적이 없으며, 미국에 돌아온 후 1980년대에 일어난 그 사건에 대해 지속적으로 발언하고, 인터뷰하고, 증언하였다. 그리고 광주항쟁이라고도 알려진 5.18의 진실과 한국 인권의 실상을 폭로하는 데 초점을 맞춘 여러 단체들과 함께 일했다. 이러한 내 활동은 한국이 민주화를 향한 큰 진전을 이루었던 1990년까지 계속하였다. 그 후 나는 가족에 헌신하면서 보건 분야에 종사하였다.

오래전부터 이 책을 쓰고 싶어 1990년대 중반부터 초안을 작성하였지만, 박사과정에 진학해 논문을 쓰고 학위를 취득하느라 좀처럼 시간을 낼 수 없었고, 그 후에는 가정과 직장 일로 기회를 놓치고 말았다. 그러다가 1981년 이후 내가 처음으로 한국과 광주를 방문한 2005년이 되어서야 비로소 내 이야기를 공유하기 위한 노력을 해야 할 때라는 것을 깨닫게 되었다. 조지 오웰은 "과거를 지배하는 사람이 미래를 지배하고, 현재를 지배하는 사람이 과거를 지배한다."라고 말했다. 나는 우리의 이야기를 할 의지가 있거나, 할 수 있는 사람들만이 현재를 만들 수 있다는 것을 깨닫게 되면서 광주항쟁 기간에 일어난 이야기를 나의 관점에서 공유하기 위한 여정을 시작했다.

나는 지난 몇 년 동안 한국의 발전 및 광주항쟁에 관련된 최신 정보를 얻을 수 있었다. 어떤 것은 흥미로웠고 또 어떤 것은 당혹스러웠다. 광주항쟁의 경우, 생존자들이 자신들의 경험과 목격담 그리고 들은 이야기를 바탕으로 그 때 무슨 일이 있었는지를 공유하고 있다. 또한 광주에서 일이난 일을 막지 못하고 그 후의 한국 정부의 강경한 대응을 완화하는 데도 무기력했다는 전직 미국 정부 관리의 기록도 있다. 가장 안타까운 점은 당시 목숨을 바친 영웅들이 자신들의 이야기를 들려 주지 못한다는 것이다. 그들은 자신들이 생각하고 느낀 것을 그리고 왜 최후까지 항쟁했는지를 우리와 공유할 기회도 없이 죽어간 것이다.

내가 1980년 5월, 광주에 있을 때 만났던 사람들과 친구들은 나를 '데이비드'가 아니라 '임대운'이라고 불렀다. 임대운은 내가 평화봉사단을 시작했을 때 얻은 한국 이름이다. 그 이후 나는 두 개의 이름을 갖게 되었고 지금도 한국에 갈 때마다 임대운이라는 이름을 사용한다. 내 인생을 바꾸고 나를 새로운 길로 인도한 사건인 광주항쟁을 목격하고 참여하는 동안, 나는 부모님이 물려 준 이름만큼이나 소중한 또 다른 이름으로 불린 것이다.

**맷 밴볼켄버그**

나는 2001년에 처음 한국에 왔을 때부터 한국의 근현대사에 큰 관심을 갖게 되었는데, 그중 가장 눈길을 끈 사건은 광주항쟁이었다. 2005년에 블로그인 'Gusts of Popular Feeling'을 개설했는데 초기 게시물은 대부분 광주항쟁, 5.18에 관한 것이었다.

그 무렵 당시 광주에 거주하던 미국인 선교사 진 언더우드Jean Underwood가 자신의 경험담을 수록한 글이 포함된 책『Contentious Kwangju: The May 18 Uprising in Korea's Past and Present』를 읽었다. 이 글의 주석에서 당시 평화봉사단원이 있었다는 사실을 처음 알게 되었는데, 그녀는 관련 인물인 팀 원버그Tim Warnberg, 주디 챔벌린Judi Chamberlin, 데이비드 돌린저David Dolinger의 이름을 간략하게 언급하였다.

2006년 다른 블로그에서 광주항쟁에 관련된 대화를 하던 중 전직 평화봉사단원 출신의 참여자 한 사람이 5.18을 직접 목격한 데이비드 돌린저라는 이름의 전직 평화봉사단원을 대화에 초대한다고 말했다. 나는 그가 앞의 책에서 언급된 데이비드라는 사실을 알아차리고 그에게 여러 가지 질문을 했다. 그 후 몇 년 동안 데이비드는 내 블로그에 1980년 광주의 경험에 대한 여러 의견을 남겼다.

2013년 봄에는 두 친구로부터 데이비드가 한국에 체류하고 있다는 말을 들었다. 나는 그해 영국 대사관 관저에서 열린 왕립아시아학회 가든파티에서 1970년대 후반 전라남도에 살았던 전직 평화봉사단원이라고 자신을 소개한 사람과 대화를 나누기 시작했다. 혹시 데이비드를 아느냐고 물어보려던 순간, 나는 이 사람이 바로 데이비드라는 것을 알게 되었다.

우리는 그 후 몇 차례 만나 그의 평화봉사단 활동 경험과 5.18에 대해 이야기를 나누었다. 나는 그에게 자신의 경험을 책으로 쓸 생각이 있는지를 물었다. 그럴 생각은 있지만, 자신은 작가가 아니라서 도움이 필요하다고 말했다. 매우 흥미로운 프로젝트가 될 수 있을 것이라고 생각했지만, 데이비드가 곧 한국을 떠나 스위스로 이사를 하게 되었기 때문에 이 계획은 몇 년 동안 보류될 수밖에 없었다. 2019년 5.18 40주년이 다가오자 데이비드는 자신의 회고록 작업에 아직도 관심이 있느냐고 물어왔고, 나는 당연히 그렇다고 대답했다. 그해 말 그는 첫 번째 초안을 나에게 보냈고, 2020년과 2021년 초에 우리는 그가 작성한 내용을 바탕으로 영상 대화, 이메일 등을 통해 수정과 보완 작업을 진행했다. 우리는 기록 조사를 바탕으로 데이비드의 기억을 보완했는데, 그중 하나는 내가 「왕립아시아학회 한국지부 저널(Transactions of the Royal Asiatic Society-Korea)」 제94권에 기고한 'Tell the World what is happening: The Americans who Witnessed the Kwangju Uprising'이었다.

지난 20년 동안 5.18에 대한 자료와 글을 읽었지만, 데이비드가 자신의 이야기를 하는 작업을 도와주면서 많은 것을 배웠다. 데이비드의 경험은 도청에서 학생 지도자들과의 상호작용에 따른 것일 뿐만 아니라 그 후 한국의 반체제 인사들, 그들을 도운 외국인 선교사들과의 감동적인 교류의 산물이라는 점에서 매우 독특한 위치를 차지하고 있다. 내가 데이비드의 경험을 읽으면서 받은 감동을 독자들도 느끼길 바란다.

## 역자의 말

나는 수년 전 5.18기념재단의 의뢰로 광주항쟁과 관련된 해외 기록물을 수집하고 분석하는 일을 맡게 되었다. 나는 이 일을 진행하다가 광주항쟁 당시 광주와 그 인근 지역에 평화봉사단원으로 파견되어 활동하던 네 명의 미국인 청년들이 광주항쟁을 직접 목격하고 이와 관련하여 몇 가지 유의미한 기록을 남겼다는 것을 알게 되었다. 또한 그들은 사건을 단순히 목격한 수준에 그친 게 아니라 부상자를 돌보거나 외신기자들의 통역을 맡는 등 '참여'에 가까운 활동을 전개했다는 사실도 추가로 확인했다. 그중 한 인물인 팀 원버그는 자신의 목격과 경험을 바탕으로 논문을 작성하여 유수의 학술지에 싣기도 하였는데, 그 내용이 매우 충실한 것은 물론이고 광주항쟁과 관련하여 외국인이 영어로 작성한 최초의 논문이라는 것을 확인했다.

이러한 인물들을 만나 새로운 증언을 확보하면 광주항쟁과 관련된 서사가 더 풍부해질 뿐만 아니라 외부인의 시각에서 광주항쟁의 객관적인 진실에 좀 더 다가갈 수 있을 것이라고 판단했고, 나는 이 미국인 청년들을 찾아 나섰다. 그러나 불행하게도 이 네 사람 중 중심적인 역할을 담당한 팀 원버그는 오래전에 요절했음을 알게 되었다. 하지만 다행스럽게도 나머지 두 사람인 폴 코트라이트와 데이비드 돌린저와 연락이 닿았고, 나는 이들을 광주에서 열리는 5.18민주화운동기념식에 초청하였다.

나는 2019년에 이 두 사람을 서울에서 처음 만났다. 광주항쟁 당시 청바지에 장발차림의 20대 중반의 청년들이었던 그들은 60대 후반의 노신사로 변해 있었다. 우리는 초면인데도 마치 오랜 친구처럼 반갑게 만나 즐겁게 대화를 나누었다. 아마 당시 전남대학교 학생이었던 내가 그들과 같은 시간, 같은 장소에 있었다는 동시대적 연대의식이 작용한 결과일 것이다. 우리는 아마도 도청 광장에서 열린 집회에서 서로 시선을 교환했거나 심지어 대화를 나누었을 수도 있으며, 진입봉을 들고 쫓아오는 군인들을 피해 카톨릭센터의 지하에 같이 숨어 있었을 수도 있었다. 처음 만난 이방인들이 공유하는 동질감이라니!

그들은 나를 만난 자리에서 20대 청년 시절 자신들이 광주에서 목도한 비극적인 국가 폭력 사건이 자신들의 삶과 인생관에 미친 영향이 얼마나 지대했는지를 격정적으로 토로했다. 그들은 대화를 하면서 울먹이기도 했는데, 그들의 눈가에 맺힌 눈물과 떨리는 목소리에서 당시 광주 시민들이 겪어야 했던 고통과 희생에 대한 연민과 연대의 정서가 여전히 생생하게 살아 있다는 것을 보고 나는 근래에 겪어보지 못한 큰 감동을 받았다.

이 두 사람은 자신의 광주 경험을 바탕으로 회고록을 집필하고 있는데, 한국어로 출판하고 싶다는 의사를 밝혀왔다. 그래서 영어본이 완성되면 내가 한국어로 번역하기로 했고, 폴 코트라이트의 회고록 「5.18 푸른 눈의 증인」은 2020년에 5.18 40주년을 맞이하여 한국과 미국에서 동시에 발간되었다. 폴의 회고록은 항쟁 당시에 광주에 거주하던 외국인이 작성한 흔치 않은 증언록이라는 점에서 큰 화제를 불러왔고, 제법 많은 부수가 팔렸다. 그리고 이제 두 번째로 데이비드 돌린저가 회고록을 펴내게 되었다.

  이 책을 읽는 독자들은 서서히 눈치채게 되겠지만, 데이비드 돌린저는 비록 외국인 신분인데도 당시 항쟁에 참여했던 광주의 시민들과 거의 같은 수준에서 항쟁 당시와 이후의 여러 과정에 적극적으로 관여한 인물이라는 점에서 매우 독특한 위치에 있는 사람이다. 그는 놀랍게도 계엄군들이 도청으로 쳐들어온다는 소식을 듣고 광주 사람들과 생사를 같이 하겠다며 도청에서 하룻밤을 보낸 유일한 외국인이었다. 그리고 바로 이 이유 때문에 한동안 한국 정보기관의 사찰 대상이 되었으며, 나중에 한국에서 추방당하다시피 출국해야 했고, 재입국이 금지된 인물이기도 하다. 1970~1980년대에 한국에서 활동하고 있던 선교사들이 민주화 투쟁과 인권 운동에 참여해 고초를 겪은 일은 제법 있었지만, 파견된 해당 국가의 정치에 관여해서는 안 되는 평화봉사단원이 광주항쟁과 관련되어 한국 정부의 사찰 대상이 된 것은 이 회고록의 필자인 데이비드 돌린저가 유일하다.

  또한 이 회고록의 저자는 광주항쟁 이후 한국의 민주화와 인권 신장을 위해 국제적으로 전개되던 초국적 운동에 여러 가지로 기여한 공로로 기억될 필요가 있다. 그는 표현과 통신의 자유가 엄중하게 제약을 받던 시절, 주한미군기지에 근무하면서 미군우편망을 이용해 광주항쟁을 비롯해 한국의 인권 탄압 소식을 미국 등 외부 세계에 알리기도 했는데, 이러한 활동이 한국의 정치 발전과 인권 개선을 위한 국제적 관심을 제고하는 데 크게 기여했음은 물론이다.

  이 책은 광주항쟁을 목격한 외국인이 진지한 자세로 기록한 증언록일 뿐만 아니라 자신의 조국인 미국이 일정 부분 영향을 미친 비극적인 사건을 겪은 청년이 자신의 삶에 대한 새로운 이정표를 세우고 사회 정의와 인권이라는 보편적 가치를 구현하기 위해 노력하고 있음을 보여주는 기록이라는 점에서 일독의 가치가 있다.

  내가 그를 다시 만나게 되면 그의 또 다른 이름인 '임대운'이라고 부를 생각이다. 죽게 되면 광주 또는 자신이 근무했던 영암의 월출산에 묻히기를 원하는 그도 그렇게 불러 주기를 원할 것이다. 그리고 그가 제2의 고향으로 여기는 영암은 내 고향이기도 하다. 내 고향의 '성님'인 셈이다.

2022. 3.

최용주

# 목차

**저자의 말** — 4

**역자의 말** — 8

**지도** — 14
1. 남한/전라남도
2. 광주 시내

**서문** — 18
1980년 5월의 어느 날

**제1부 언제나 새로운 시작**

1장 여정의 시작 — 23
1978년 1월부터 6월

2장 정착과 자아 찾기 — 38
1978년 7월부터 1980년 5월

**제2부 광주항쟁**

3장 두려움과 희망 — 67
5월 16일 금요일부터 5월 17일 토요일

4장 이대로 두고 볼 수는 없다 — 72
5월 18일 일요일

5장 은밀하게 퍼져가는 소식들 — 77
5월 19일 월요일부터 5월 20일 화요일

6장 앞에 놓인 길 — 81
5월 21일 수요일

7장 잠깐 동안의 해방 — 94
5월 22일 목요일

8장 우리가 무엇을 할 수 있을까? — 106
5월 23일 금요일

9장 도청에서 보낸 밤 — 112
5월 24일 토요일

10장 계속되는 긴장 — 122
5월 25일 일요일

11장 장례식과 이별 — 129
5월 26일 월요일

12장 목격 — 137
5월 27일 화요일

13장 결과 — 147
5월 28일 수요일부터 6월 2일 월요일

**제3부 광주 이후의 삶**

14장 다시 발견하기 — 157
1980년 6월부터 8월

15장 반정부 인사와 접촉 — 163
1980년 9월부터 1981년 7월

16장 진실 알리기 — 173
1981년부터 현재

17장 광주항쟁에 대한 내 결론 — 187


**부록 1. 팀 원버그를 추모하며** — 192
  - 광주항쟁: 목격자의 견해
  - 팀 원버그

**부록 2. 세상에 알리다** — 238
  - 데이비드 돌린저의 수기

헌사 — 244
감사의 말 — 245

# 지도
## 남한/전라남도

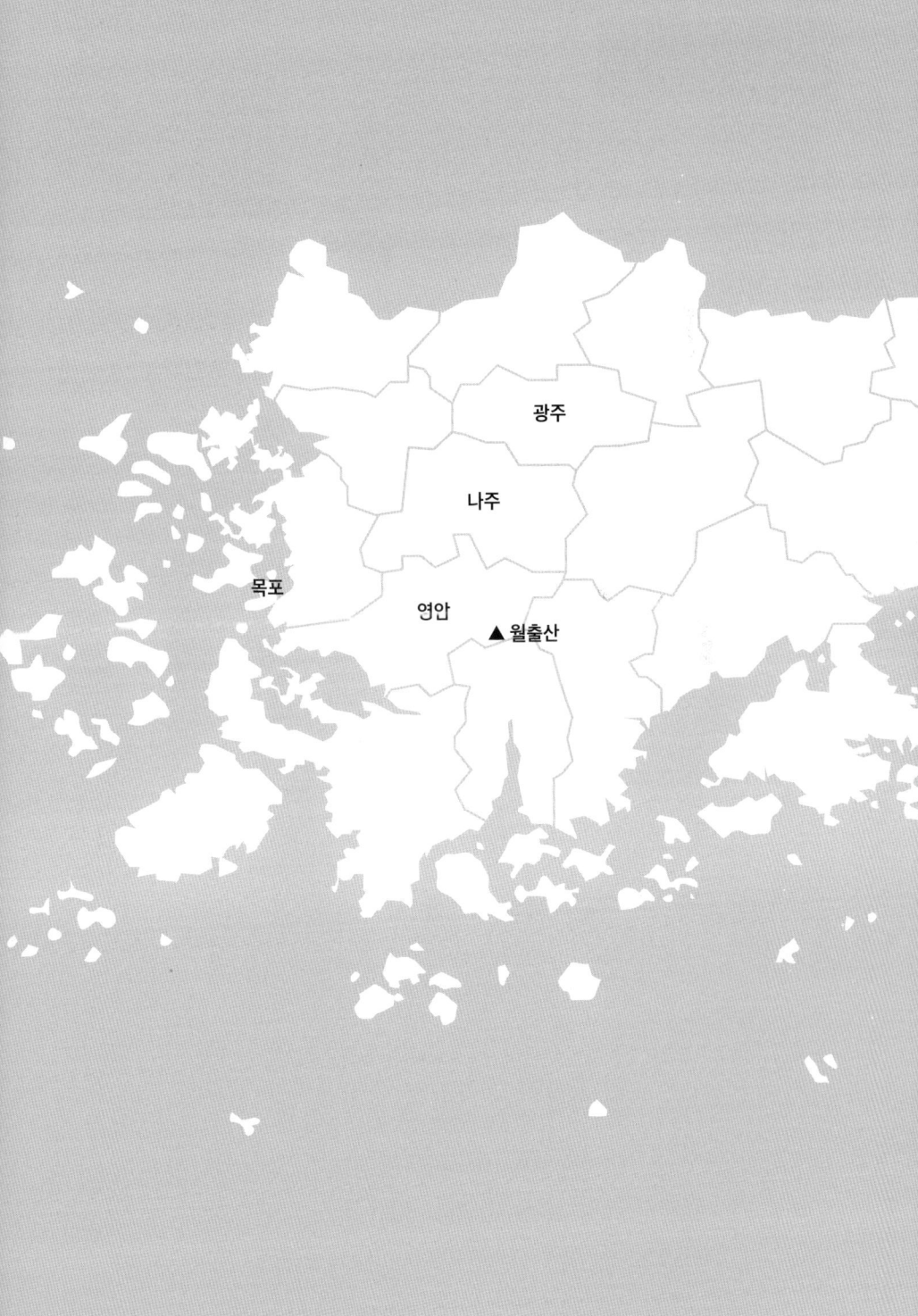

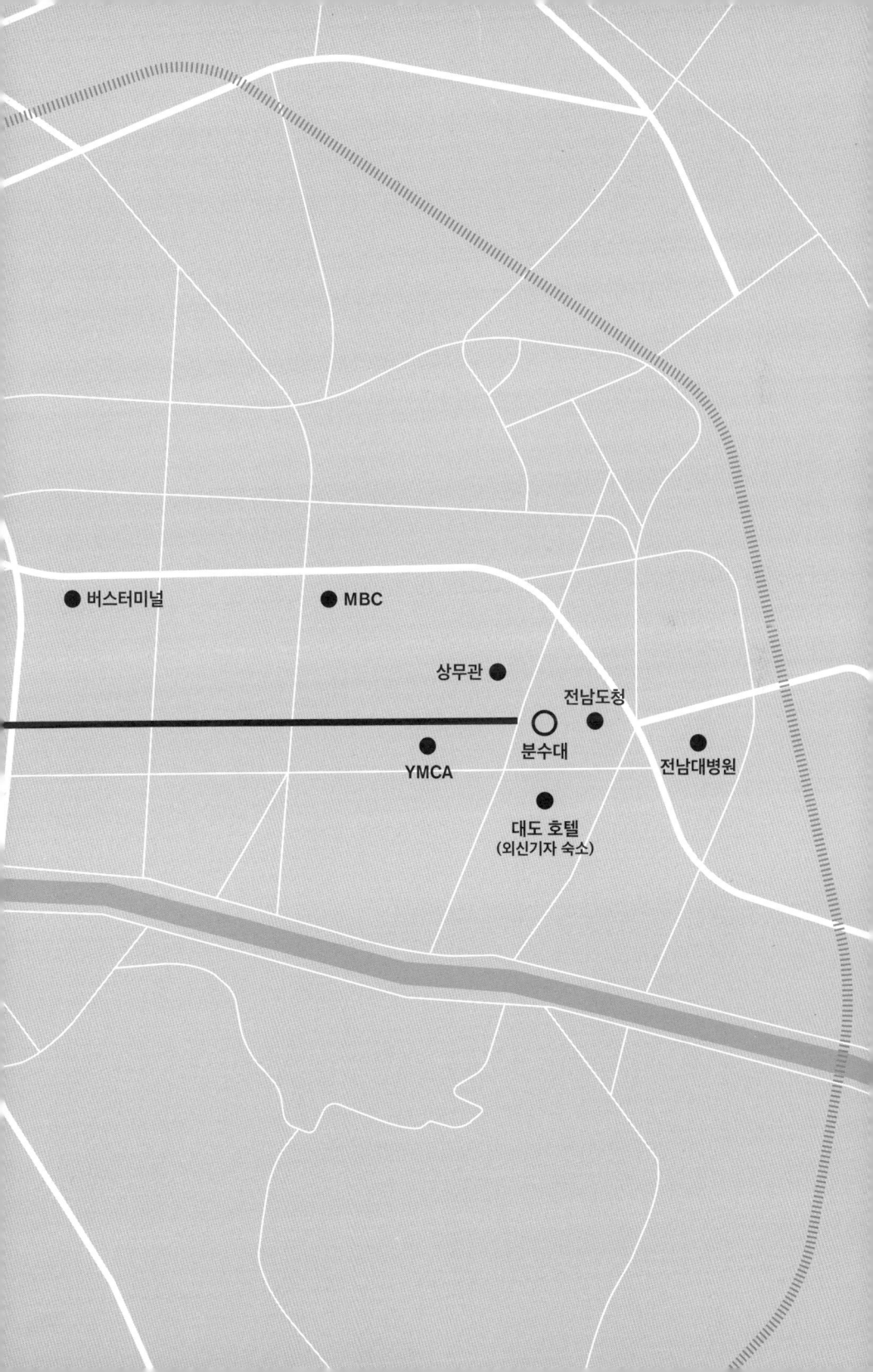

# 서문

#### 1980년 5월의 어느 날

천천히 눈을 떠보려고 했다. 아니, 불편하더라도 차라리 이대로 눈을 감고 있을까? 온몸이 뻣뻣했다. 좁고 딱딱한 의자에서 고개를 떨구며 자고 있던 나를 발견했다. 조금씩 몸을 뒤틀자 팔다리가 겨우 움직이기 시작했다.

짧은 잠은 피로를 극복하는 데는 별 도움이 되지 않았다. 안경을 쓰고 있었지만, 주변을 확인할 수는 없었다. 타 들어가는 담배의 불빛과 방향을 알 수 없는 곳에서 오는 정체를 알 수 없는 불빛이 전부였다. 눈앞의 침침함이 사라지고 내가 어디에 있는지 기억하는 데 잠시 시간이 걸렸다.

1980년 5월 25일 자정이 조금 넘은 시간이었다. 나는 광주에 있는 전라남도 도청의 도서관에 있었다. 군용 무전기에서 이상한 빛이 깜빡이고 있었다. 그 전에 나는 이 빌딩의 다른 곳에서 열렸던 일일 상황 회의에 잠깐 참석했는데, 여기서 정부군이 광주를 공격할 때 영어를 사용하여 명령을 내릴 수도 있기 때문에 무전 교신을 감청해 달라는 요청을 받았다. 지난 며칠 동안 군대가 도시를 공격하거나 봉쇄망을 점점 좁혀 들어올 것이라는 소문이 시시각각으로 들려오고 있었다.

희미한 불빛을 통해 나 이외에도 다른 두 사람이 교신 내용을 감청하고 있음을 알게 되었다. 한 사람은 대학생이었고, 담배를 물고 있는 다른 한 사람은 상사로 제대한 중년의 남성이었다.

토요일 밤 이후로 우리는 줄곧 이 자리를 지키고 있었다. 서로 많은 대화도 없었고, 영어도 서툴렀지만, 함께 하고 있는 동지들의 이야기를 들을 수 있는 좋은 기회였다. 그들은 광주에서 일어나고 있는 일과 공수부대가 사람들에게 한 짓을 똑똑히 목격했다. "다른 대안이 없었다."라고 말했다. 그대로 두고 볼 수 없었고 믿기를 해야 했다. 이것이 지난 며칠 간 내가 만난 광주 시민들의 한결같은 대답이었다. 당시에는 순진한 평화봉사단원인 나를 포함하여 그 누구도 가만히 앉아 지켜볼 수 없었다.

나는 무전기 앞에 앉아 그들의 이야기를 들으면서 모든 게 궁금하기만 했다.

'내가 어떻게 여기까지 오게 되었을까?'

1980년 5월의 사건 내내 나는 나 자신에게 여러 번 같은 질문을 던졌다. 5월 16일 학생들이 주도한 횃불 행진을 보면서, 5월 21일 시내를 오가면서, 5월 25일 이른 아침에도…. 아마도 내 인생이 끝나는 그날까지 이와 똑같은 질문을 하게 될 것이다. 하지만 당시에는 이 모든 것이 나를 어디로 인도할지, 내 일생의 여정과 어떻게 조응하게 될지 깨닫지 못했다.

## 제1부

### 언제나 새로운 시작

## 1. 여정의 시작

1978년 1월부터 6월

1978년 4월 21일 아침, 동료 평화봉사단 훈련생들과 함께 김포공항에 내렸을 때 나는 앞으로 무슨 일이 전개될 것인지 전혀 알 수 없었다. 우리는 전국에 산재한 보건소로 배치되기 전에 청주로 이동해 10주간의 어학 연수와 결핵 퇴치 훈련을 받을 예정이었다. 모든 일이 계획대로 진행되었다. 비행기에서 계단을 내려와 활주로를 가로질러 공항 건물로 걸어갔으며, 평화봉사단용으로 발행된 여권 덕분에 입국 절차의 대부분을 생략할 수 있었다. 우리는 평화봉사단 한국 책임자인 레오 파스토레와 교육을 담당할 몇몇 직원의 환영을 받았다. 그런 다음 버스를 타고 서울 외곽을 거쳐 도심으로 들어갔다.

얼마 지나지 않아 국회 앞을 통과하여 한강 다리를 건넜다. 교통 체증, 건설 중인 건물들 그리고 하늘을 덮고 있는 스모그를 보면서 한국은 평화봉사단이 파견된 다른 나라들보다 훨씬 발전한 곳이라는 인상을 받았다.

　스스로 선택해 이 먼 곳까지 왔지만, 내가 평화봉사단에 지원한 동기는 정확하게 기억나지 않는다. 펜실베이니아 동부 웨스트타운에서 학창 시절을 보내고, 웨스트체스터대학교에 입학해 역사를 전공할 계획이었다. 그러나 1년 후 나는 전공을 화학·생물학으로 바꾸었다. 이 과목들은 매우 흥미로웠지만, 도전할 만하다는 생각은 들지 않았다. 대학을 졸업하면서 긍정적인 변화를 만들어야 한다는 열망은 있었지만, 구체적인 계획은 없는 상태였다. 평화봉사단에 합류하기로 결정한 것은 나 자신을 찾고, 좋은 일을 할 수 있는 기회가 되겠다고 판단했기 때문이었다.

　1978년 1월에 평화봉사단 프로그램에 지원했다. 그러나 눈 건강에 문제가 있어서 신체검사가 지연되었고 많은 나라에 파견 신청을 할 수 없었다. 나는 전공과 이어지는 분야를 원했고, 이 제한된 선택지 중에서 한국의 결핵과 한센병 분야에 지원하고 평화봉사단의 결정을 기다렸다. 초조하고 오랜 기다림 끝에 마침내 한국에 갈 수 있다는 소식을 들은 것은 4월이었다. 그 당시 내가 한국에 대해 알고 있었던 것은 한국전쟁을 배경으로 한 텔레비전 드라마 <매시M*A*S*H>가 전부였다. 도서관에서도 한국에 관한 내용을 거의 찾을 수 없었고, 뉴스에서도 거의 소개되지 않았다. 한국에서는 어깨까지 내려오는 장발과 콧수염은 곤란하다고 해서 동네 이발관에서 깔끔하게 정리하였다. 나는 그때까지 집을 떠나본 적도, 혼자 여행을 해 본 적도, 심지어 비행기를 타 본 적도 없었다. 혼자 집을 떠나 외국으로 가는 것은 흥미롭기도 하고 두렵기도 했다. 내 앞길에 무엇이 놓여 있는지 아는 게 아무것도 없었기 때문이다.

　이러저러한 상념에 잠겨있는데, 우리를 실은 버스는 마침내 광화문 교차로 근처에 있는 평화봉사단 사무실에 도착했다. 그런 다음 우리는 근처에 있는 여관으로 옮겼는데, 여기에서 만난 한 평화봉사단원이 말했다.

"여기가 숙소야. 침대는 없고 바닥에서 자야 해."

거기까지는 좋았다.

"그런데 당신들 짐은 이미 청주의 교육소로 갔고, 여기서 이틀을 지내야 해."

이 말을 듣고 깜짝 놀랐다. 휴대용 가방에는 여분의 옷이 거의 없었고, 몸에 맞는 옷을 구할 곳도 마땅치 않았기 때문이다. 한눈에 봐도 여관방에는 목욕 시설이 없었다. '서울에 머물면서 몸에서 얼마나 냄새가 날까?' 하는 생각이 들었다.

주말에 시간을 내 우리를 환영하기 위해 찾아온 어느 봉사단원이 끼니를 해결하는 팁 하나를 알려 주었다.

"대부분의 중국 음식점은 창가에 음식 모형을 진열해 놓고 있기 때문에 모양을 보고 원하는 음식을 고를 수 있을 거야."

이미 해는 중천에 떠 있었다. 그 봉사단원은 우리를 이끌고 밖으로 나왔다. 그리고 어떻게 음식을 주문해야 하는지를 보여 주면서, 중요한 표현들을 전수하기 시작하였다. 너무 어려웠다. 주문할 때 상대방의 말에 귀를 기울여 보았지만, 전혀 알아들을 수 없었다. '야끼만두'라는 단어만 입에 딱 붙어 결국 만두튀김을 많이 먹게 되었다.

다음날 서울에는 우리만 남았다. 우리를 위해 특별히 마련된 계획도 없었고, 무엇을 해야 할지도 몰랐으며, 안내해 줄 사람도 없었다. 그래서 우리는 소그룹으로 나누어 도시를 돌아다녀 보기로 했다. 서울은 분주하고 혼잡했으며, 도시를 뒤덮은 스모그 때문에 깨끗하지 못했다. 스모그와 인파에도 도시를 둘러싸고 있는 산들은 묘한 매력을 주기에 충분했다. 우리가 만난 한국 사람들은 대체로 친절했고 우리에게 도움을 주려고 노력했다. 나는 호기심을 가지고 둘러보았다. 내가 살던 곳과는 완전히 다른, 신기한 세계에 와 있었다. 지금은 아무것도 모르지만 언젠가는 이 낯선 세계를 이해하게 될 것이라고 생각했다. 우리 일행 중에는 초기에 적응하지 못하고 다시 떠나는 사람들이 제법 많았다. 그러나 나는 이 모든 것이 내가 적응해야 할 새로운 도전이었다.

우리가 서울에 머무는 동안 제일 아쉬웠던 점은 한국의 문화와 역사를 배울 기회가 거의 없었다는 것이다. 우리를 안내한 평화봉사단원 직원 중 그 누구도 역사적 유적지에 대해 말하거나 무엇이 어디에 있는지 알려 주지 않았다. 그들은 단지 "길을 잃지 마세요."라고 말할 뿐이었다. 우리는 유서 깊은 두 개의 왕궁이 근처에 있다는 사실도 모른 채 종로와 명동 등을 돌아다녔다.

우리 그룹은 한국에 45번째로 파견된 K-45였다. 우리는 한국으로 오기 며칠 전에 샌프란시스코의 한 호텔에서 3일간의 예비 교육을 받았다. 한국에서 2년 동안 근무하다가 휴가차 미국으로 돌아온 두 명의 평화봉사단원이 강사로 초대되어 한국 생활에 필요한 기본 사항을 교육했다. 이것말고는 언어나 문화 교육 등의 프로그램은 포함되지 않았다. 이 두 단원은 우리가 한국에서 교육을 받게 될 청주의 교육원 소속이었다.

우리는 샌프란시스코에서 간염, 황열병, 뇌염 등과 같은 질환의 예방접종을 받았다. 이 예비 교육의 다른 중요한 목표는 교육생들 간 친교를 통해 유대감을 다지는 것이었다. 예방접종 후 그날 밤은 술 마시면 안 된다는 주의사항이 있었지만, 이 말에 따른 사람은 단 한 사람도 없었다. 이것은 앞으로 우리가 합류하게 될 이 불온한 행진의 첫 징후였을

지도 모른다. 샌프란시스코에서 친구가 된 사람들 중 일부는 교육 기간은 물론, 한국에서 보낸 몇 년을 포함하여 오늘날에도 여전히 친구로 남아 있다. 팀 윈버그는 그중에서 특별한 친구였다.

팀은 키가 크고 잘 생겼으며 건장했다. 남녀 할 것 없이, K-45 그룹에 속한 모든 멤버가 그를 좋아한 데는 또 다른 이유가 있었다. 그는 성격이 쾌활했고, 허세를 부리지도 않았으며, 몇 잔의 맥주만 있으면 아무리 긴 대화라도 전혀 지겹지 않게 이어나가는 재주가 있었다. 팀은 놀라운 화제로 가득 차 있는 사람이었다. 그는 미네소타에서 샌프란시스코까지 평화봉사단 차량이 아니라 히치하이킹으로 왔다. 심지어 샌프란시스코로 바로 오지도 않았다. 팀이 로스앤젤레스로 갔다가 다시 샌프란시스코로 돌아온 이야기를 듣다가 우리는 정말 놀랐다. 그가 히치하이킹을 하는 동안 영화 〈스타워즈 Star Wars〉의 배우 마크 해밀Mark Hamill의 차에 동승했기 때문이었다. 마크 해밀은 팀을 할리우드의 파티에 초대하기도 했다. 어떻게 이런 일이 가능했는지 너무 신기했다.

샌프란시스코의 마지막 날 저녁, 우리는 한국 식당으로 초대되었다. 한국 음식은 처음이었고 젓가락 사용도 처음이었다. 젓가락 사용법을 익히는 데 시간이 제법 걸려 많이 먹을 수는 없었다. 다음날 우리는 하와이행 비행기에 올랐다. 호놀룰루에 잠시 머문 후, 도쿄행 비행기로 갈아탔는데, 우리가 탄 비행기에는 평화봉사단 교육생을 빼면 대부분 비어 있었다.

우리는 도쿄의 황궁 근처에 있는 호텔에서 하룻밤을 묵게 되었는데, 우리 중에서 누가 모험심이 더 강한 사람인지 금방 알게 되었다. 대부분은 식사가 끝난 후 자러 갔지만, 샌프란시스코에서 함께 어울려 지낸 킴, 론, 보단을 비롯한 몇몇 사람은 이럴 수는 없다고 생각했다. 우리는 이 새롭고 신기한 나라를 그냥 두고 볼 수는 없었다.

처음에는 간판이 모두 일본어로 되어 있어 조금 멍하게 돌아다녔지만, 골목길을 걷다가 우연히 가족이 운영하는 작은 식당을 발견하였다. 여섯 명의 외국인이 텅 빈 식당을 습격(?)하는 순간, 그들의 얼굴에 나타난 놀라움이 아직도 기억난다. 그들은 마치 텔레비전을 보듯이 우리를 구경했다. 우리는 일본어를 모르고, 그들은 영어를 몰랐지만, 이러저리 흉내내고 가리키면서 약간의 맥주와 음식을 시켜 먹을 수 있었다. 무엇을 먹고 있는지 몰랐다. 우리는 진열된 음식을 가리키며 '저거 한번 먹어볼까?' 하면서 이 모든 낯선 경험을 즐겼다.

우리가 서울에 도착한 이후 우리가 겪은 모든 경험이 그날 저녁 도쿄에서만큼 재미있었던 것은 아니다. 서울에 도착한 첫날 저녁 도시 곳곳을 헤매다가 여관으로 돌아온 나는 기분이 좋지 않았다. 여관은 지저분한 골목길에 자리 잡고 있었을 뿐만 아니라 술을 마신 직장인들이 외간 여자들과 잠깐 동안 즐기기 위해 오는 곳이기도 했다. 그러나 평화봉사단 사무실에 뒤에 있는 전통적인 한국식 목욕탕을 발견한 것은 행운이었다. 비록 옷은 깨끗하지 않았지만, 몸만은 깨끗하게 유지해야 했다.

**청주**

서울에서 이틀 밤을 보내고 일요일에 우리는 청주로 가는 버스에 몸을 실었다. 청주에서 현지 교육을 받기로 되어 있었다. 버스 여행은 우리에게 한국의 시골을 볼 수 있는 좋은 기회를 제공했다. 다음날 부모님께 보낸 편지에 한국의 시골을 "언덕이 매우 많지만, 매우 아름답습니다."라고 묘사했다. 그러나 언덕과 산에는 나무들이 별로 없었다. 마을 근처나 논에 둘러싸여 홀로 서 있는 나무말고는 어디에도 나무가 없는 듯했다. 물이 꽉 찬 논에 사람들이 모내기를 하는 장면을 보는 것도 새로운 경험이었다. 길게 뻗은 고속도로는 전시에 비행기 활주로로 사용한다는 이야기도 들었다.

청주는 산으로 둘러싸여 있는 꽤 큰 도시였다. 우리는 몇 군데의 비포장 도로를 달려 평화봉사단 훈련센터에 도착하였다. 그곳은 이전에 여관으로 사용했던 2층 건물이었다. 도착하자마자 짐을 풀고 직원의 안내에 따라 다시 나왔다. 얼마 지나지 않아 우리는 한국의 전통 음악과 춤 공연을 볼 수 있는 고등학교에 도착하였다. 서울에서는 이런 모습을 거의 볼 수 없었던 나는 넋을 잃고 카메라를 꺼내 필름 한 통을 다 찍었다.

우리는 공연을 본 후 훈련센터로 돌아왔고, 한국에서 봉사활동을 할 동안 사용할 한국식 이름을 받았다. 한국어 강사들이 음성적으로나 의미적으로 우리에게 어울릴 만한 이름을 찾기 위해 우리의 기독교식 이름과 몇몇 개인적인 배경 정보를 참고했다는 이야기를 들었다. 한국어 강사들은 우리에게 한국어로 된 이름을 알려 주고 한문 표기와 함께 그 의미를 설명해 주었다. 나의 한국식 이름은 '임대운林大雲'이었다. 성인 임은 '숲', 이름인 대운은 '큰 구름'을 의미했다. 나는 이 이름이 좋았다. 이 이름은 한국어 강사 중 한 분으로 '임씨 농민'이라는 별명으로 통했던 임동욱 선생에게서 받은 것이었다. 그 이후 나는 두 개의 이름으로 불리게 되었다. 한국인들과 몇몇 봉사단원들에게는 임대운이었고, 다른 동료들에게는 여전히 데이비드였다. 그러나 그날부터 무슨 이유 때문인지 나는 데이비드보다는 '임대운'이라고 불리는 것이 더 좋았다.

새로운 이름을 갖게 된 우리는 3개월의 교육 기간에 함께 지낼 홈스테이 가족을 소개받았다. 청주에서는 평화봉사단 교육생을 집으로 유치하기 위해 치열한 경쟁이 벌어졌고, 이런 일을 전담하는 가정도 있었다. 홈스테이 가정이 지켜야 할 규칙 중 하나는 봉사단원을 자녀들의 영어 교육에 동원해서는 안 된다는 것이었다. 훈련센터에서 홈스테이 가족들과 함께 저녁을 먹은 후 우리는 각자 새로운 집으로 갔다. 나의 홈스테이 가족은 어머니가 운영하는 가게 건물 2층에 살았고, 아버지는 시내에 있는 직장에서 일했다. 할머니 한 분, 두 딸과 아들도 같이 살았다. 아들이 또 하나 있었는데, 서울에서 학교를 다녔고 주말이면 가끔 집으로 내려오기도 했다. 아들과 딸이 모두 영어를 조금 해서 가족들과 쉽게 소통할 수 있었다. 그 집에는 방이 네 개, 부엌이 한 개 있었는데, 나에게는 독방이 주어졌다. 부담스럽다고 거절했지만, 강력하게 권유해 혼자 방을 쓰게 되었다.

봉사단 교육은 그 다음날부터 시작되었다. 첫날의 수업은 한국어 강의로 시작되었다. 강사 한 사람이 여섯 명을 담당했다. 강사들은 모두 영어를 할 수 있었지만, 수업 시간 중에는 절대로 영어를 사용하지 않았다. 강사들은 색깔과 숫자 등을 가르치기 위해 색깔이 칠해진 막대기를 학습 도구로 사용했다. 색색의 막대기를 사용하여 언어를 배우게 되리라고 누가 생각이나 했을까?

또한 다섯 명의 단원들이 참여하여 우리에게 한센병과 결핵 관리 훈련을 시켰다. 교육 담당 단원들은 이미 2년의 근무를 마치고 이곳에서 강사로 근무하고 있었다. K-45에 속해 있는 대부분의 단원은 결핵 관리 교육 대상이었기 때문에 건물 2층의 큰 강의실에서 수업이 진행되었고, 한센병 담당인 여섯 명의 동료들은 작은 교실에서 교육을 받았다. 우리는 이 이론 기반 교육에서 엑스레이를 읽는 법, 슬라이드에 착색하는 법 그리고 현미경 검사 등과 같은 교육을 받았다. 우리는 또한 결핵과 관련된 용어를 한국어로 이해하는 법을 배웠다. 결핵 방제와 관련된 영어 용어의 일부는 생소했지만, 나는 이미 대학에서 생물학과 화학을 공부한 경험이 있어서 수업 내용을 이해하는 데 큰 어려움은 없었다.

수업은 아침 9시에 시작해 오후 5~6시에 끝났다. 첫날 수업이 끝나고 나는 홈스테이 가정의 가족과 저녁을 먹은 후, 부모님께 편지를 썼다. 한국에 머무는 동안 나는 최소 1주일에 한 번 꼴로 부모님에게 편지를 썼고, 할머니, 큰 고모 그리고 몇몇 친구에게 편지를 자주 보냈다. 모든 편지에는 번호를 적어 분실되지 않도록 했다. 한국 정부가 우편을 검열해 보내지 않을 우려가 있었기 때문이었다.

첫 편지에서 나는 "이 11일 동안 저는 지난 22년보다 두 배나 성장한 것 같습니다."라고 썼다. 한국에 대해서는 "매우 아름답고 자부심이 넘치는 나라입니다. 미국인들이 조국에 대해 가시는 자부심을 무색하게 만듭니다. 이 일로 저는 눈을 뜨게 되었고, 제 가치관을 바로 잡을 수 있게 되었습니다."라고 썼다. 또한 "여기 사람들은 매우 감성적이며 진지합니다. 막연하게 느꼈던 불안함은 이제 없어요. 이곳을 좋아하게 될 것 같습니다."라고 썼다.

나는 한국어 강사들이 한국문화에 대한 기본적인 소개를 해 주는 수업들이 좋았다. 이 문화적 훈련은 우리가 보건소에 근무하면서 마찰을 최대한 줄이면서 우리의 역할을 원활하게 수행할 수 있도록 기본 소양을 익히는 데 중점을 두었다. 악수하는 법, 물건을 받거나 전할 때 두 손을 이용하는 법, 어른 앞에서 술을 마실 때 존경을 표시하는 법 등을 배웠다.

한편으로는 나와 내 친구들 그리고 다른 한편으로는 평화봉사단 직원들 사이에 마찰도 있었다. 우리가 교육과정에 늘 진지하게 임한 것은 아니었다. 쉬는 시간에 한국어 말하기 연습을 하라는 말을 들으면 우리는 "쉬는 시간인데 지겹네. 가게에 가서 술이나 마실까?" 하며 시큰둥한 반응을 보이곤 했다. 아마도 그 때문인지, 우리가 교육을 받은 지 약 3주 정도가 지났을 때 미국인 직원들 중 일부는 우리가 한국인과 한국 문화를 존중하지 않고 "문화적으로 몰지각하다."라고 비판하기도 했다. 그러나 '몰지각한' 내 친구 두 명은 나중에 한국 여성과 결혼했고 한국에 정착하거나 한국에 많은 관심을 보인 반면, '모범적'인 봉사단원 중 상당수는 봉사 기간이 끝난 후 한국에 무관심한 것을 생각하면 그 직원들은 우리를 제대로 판단한 것 같지 않다. 우리는 단지 형식적인 틀에 얽매이지 않으려고 했을 뿐인데 마치 우리가 한국 문화에 둔감한 것으로 착각한 것이다.

  우리는 청주에서 주로 주말에만 어울릴 수 있었다. 평일에는 수업이 많았고, 수업이 끝나면 보통 저녁을 먹기 위해 홈스테이 가정으로 돌아갔기 때문이었다. 한가한 주말에 우리는 주로 산사와 성곽 등의 유적지를 방문했다. 주로 호스트 가족에게 물어보거나 한국인 직원들의 도움을 받아 이러한 장소를 찾아가는 방법을 알아냈다. 이 여행은 항상 흥미로운 일이었지만, 표지판을 해독하며 어디로 가야 하는지 주의를 기울여야 했기 때문에 찾아가는 길은 일종의 도전이었다. 우리는 표지판을 제대로 읽을 수 있는 능력이 없었다. 우리 어학 수업은 먼저 듣기와 말하기에 초점을 맞추고 나중에야 한글을 배우기 시작하였다. 이 교육을 통해 한국어 읽는 방법에 대한 기본적인 이해는 가능해졌지만, 공식적인 읽기와 쓰기에 대한 교육은 전혀 없었다.

  솔직히 말해 나는 이 훈련 중에 내가 배운 한국어를 실생활에 제대로 써먹은 적이 거의 없었다. 특히 자신의 생각을 표현하는 데 어려움을 겪었는데, 이는 내가 적극적이지 못하고, 생각이 많아 복잡한 문장을 구사하려고 했던 탓이기도 했다. 그러나 한국어를 듣고 이해하는 것은 훨씬 쉬웠다. 우리 교육의 많은 부분은 반복해서 듣기에 중점을 두었고, 그런 점에서 도움이 되었다. 내가 우리 그룹에서 성적이 아주 나쁘지는 않았으나, 내 한국어 실력은 신통치 못했다. 호스트 가족과 저녁 식사를 하며 식사와 관련된 어휘와 한국식 예절을 꽤 많이 배웠지만, 근무지인 시골에 정착해 일을 하면서 강제로 한국어로 소통할 수 있게 되었을 때 비로소 한국어 실력이 향상되기 시작하였다.

   3개월에 걸친 훈련을 마친 후 1978년 6월 29일에 평화봉사단 선서를 했던 서울로 돌아왔다. 우리는 훈련이 끝나기 며칠 전에 어디로 배치되는지를 알게 되었다. 나는 전라남도에 위치한 영암이라는 작은 군의 보건소에서 결핵환자를 돌보는 일을 맡게 되었나. 몇몇 다른 동료들도 인근에 배치되었다. 팀은 광주, 교육 기간에 친해진 보단은 나주에 배치되었다. 송별회를 마친 후 우리는 전국에 산재한 각자의 일터로 떠났다. 봉사단 서약은 6개월이 넘게 걸린 과정의 마지막 단계였다.

나의 이름은 임대운

훈련과 더불어 저녁에는 훈련생들끼리 어울리며 동기애를 다지는 시간이 있었다. 데이비드와 다른 세 훈련생이 두비 브러더스의 노래를 아카펠라로 부르고 있다.

훈련소 수업 중 한국 선생님에게 아리랑을 배웠다.

여정의 시작

K-45 평화봉사단 훈련생들이 함께 만든 앨범에 등장한 막대기. 한국 선생님들은 한국어 시간에 막대기를 사용해 수업했다. 수업 시간에는 영어를 사용할 수 없었기 때문에, 처음에는 정말 어려웠다. 그러나 덕분에 데이비드는 더 열심히 듣고 관찰하는 습관이 생겼고, 이는 그 후로도 도움이 되었다.

1978년 훈련 기간, 데이비드

나의 이름은 임대운

Go where he will, the wise man is at home,
His hearth the earth, — his hall the azure dome;
Where his clear spirit leads him, there's his road,
By God's own light .Illumined and foreshowed
                                        Emerson

There is an inward voice, that in the stream
Sends forth its spirit to the listening ear,
And in a calm content it flourieth.
Like wisdom, welcome with its own respect,
Clear in its breast lie all the beauteous thoughts,
It doth receive the green and graceful trees
And the gray rocks smile in its peaceful arms.
                                        Thoreau

In vain I look for change abroad
And can no difference find,
Till some new ray of peace uncalled,
Illumes my innermost mind.
                                        Thoreau

성 · 명 : 임 대 운
생년월일 : 1956. 1. 1
출 신 주 : Pennsylvania 주
학 력 : W. Chester주립대학 생화학
경 력 : 검사실 기사, 경비원
취 미 : 사진, 하이킹, 등산, 바이올린

David L. Dolinger
January 1, 1956
Westtown School Westtwon Pa. 19395
West Chester St. ˙College Biochemistry
Lab Tech.; Security guard; Attendant for Mentally Handicapped Emergency roomattendant
Photography, Sports, Hiking, Rock climbing, Violin

— 6 —

평화봉사단 K-45의 앨범, 데이비드의 페이지

여정의 시작

1978년 봄, 팀 원버그. 팀은 광주의 전남대병원에서 한센병 업무를 맡았다. 광주는 그의 도시였고, 그는 언제나 광주를 방문하는 모든 평화봉사단원을 반겼다.

1978년 봄, 보단. 그는 나주에서 결핵 관련 일을 하게 되었지만, 나중에 한국 아내와 결혼하면서 평화봉사단을 그만두었다. 그는 예술가인 아내와 대구로 이사갔고, 왜관에서 교사로 일했다.

## 2. 정착과 자아 찾기

### 1978년 7월부터 1980년 5월

영암에서 봉사활동을 시작하려면, 우선 스스로 그곳을 찾아가야 했다. 영암은 광주에서 남서쪽으로 버스로 1시간 이상 거리에 있었다. 광주와 영암의 중간 지점에 보단의 근무지인 나주가 있었기 때문에 나주까지는 보단과 함께 갔다. 나주에서 30분 더 버스를 타고 간 후 늦은 오후의 햇살을 맞으며 영암에서 내렸다.

영암읍은 군의 행정 중심지로서 보건소가 있는 곳이지만, 읍내는 규모가 작았고 포장된 도로도 별로 없었다. 한식당 두 곳, 주점, 다방, 중식당 몇 곳, 채소 튀김을 파는 가게 몇 곳이 전부였다. 나는 곧 이 읍내에는 목욕탕이 단 한 곳뿐이며 그것도 겨울철에만 문을 연다는 것을 알게 되었다.

나는 작은 언덕 위에 자리 잡고 있는 보건소로 가서 소장인 김 선생님에게 인사를 했다. 보건소에서 미리 근처에 숙소를 마련해 놓았기 때문에 일단 짐을 숙소에 맡겼다. 보건소에서 유일하게 영어를 할 줄 아는 김 선생은 다른 동료들과 함께 저녁 식사를 하기 위해 나를 초대하였다. 아직 살아 꿈틀거리는 낙지를 참기름과 참깨로 바른 접시가 나왔다. 아마도 나에게 "오! 노! 안 됩니다."와 같은 반응을 듣고 싶었던 것 같은데, 이 정도는 충분히 반격이 가능한 재미있는 도전이었다. 낙지 다리를 다루는 나의 젓가락질과 처음 본 음식을 반기는 내 표정을 읽은 동료들은 매우 만족해했다. 음식 도전은 나의 한국 경험의 일부였지만, 나는 늘 아무 문제 없이 통과했다.

다음 날 아침 9시부터 일을 시작했는데, 첫날은 차를 마시면서 옆 건물에서 일하는 보건소 직원을 비롯해 군청 관계자들과 인사를 나누는 시간을 가졌다. 일이 끝나고 나는 저녁을 먹기 위해 숙소로 돌아갔다. 내 방은 영암에 직장이 있는 외지인을 대상으로 방을 빌려 주는 방 4개가 딸린 하숙 겸 여인숙이었다. 하숙집은 아침과 저녁 식사를 제공했는데, 매 끼마다 작은 밥상에 차려져 내 방으로 따로 제공되었다. 한쪽에는 집주인이 거주하는 별채가 있었고, 다른 쪽에는 공용 욕실과 화장실이 있었다. 내 방에는 가구가 없었고 크기는 가로, 세로 각 3미터 정도였다. 천정 중앙에 전구가 매달려 있었고, 돗자리, 담요 그리고 베개가 전부였다. 천장은 2미터 정도의 높이에 전구가 약 1.5미터 정도에 매달려 있었다. 전통적인 미닫이문과 작은 창문이 딸린 형태였다. 매우 단순한 구조의 방이 나와 썩 잘 어울렸다. 생활비는 평화봉사단에서 주는 봉급으로 충당했는데, 미국의 기준으로는 적었지만, 한국인 동료들의 봉급과 비슷한 수준이었다. 월말에 봉급으로 숙박비를 치루고 나면 운 좋게 남는 경우도 있었다.

나는 이 새로운 세계를 탐험하기에는 아직 부족했다. 일단 언어 능력이 부족해 기대에 부응하지 못했다. 그래서 일단은 한국인 동료가 나에게 무엇을 필요로 하는지를 관찰하며 배웠고, 내 능력 범위 내에서 최대한 도움을 주기 위해 노력했다. 나는 보건소 일을 배우는 데 모든 시간을 투자했고, 여기서 얻은 교훈은 그 후 내 인생 전체에 걸쳐서 매우 소중한 자산이 되었다.

보건소에는 결핵 관리를 담당하는 직원이 두 사람 있었다. 나와 같이 일을 하는 동료와 결핵균을 검출하고 현미경 검사를 하는 실험실 기술자였다. 엑스레이 기사와 그의 조수, 관리직 두 명, 간호사 네 명도 있었다. 내가 처음 왔을 때는 의대를 졸업하고 군의관으로 근무하는 의사도 있었는데, 그는 몇 달 후 다른 곳으로 근무지를 옮기게 되었다. 우리는 의사가 담당해야 하는 일까지 처리해야 했다.

보건소는 평화봉사단원들에게 무엇을 기대했을까? 사실 명확히 정해진 것은 없었고 보건소마다 각각 다르기도 했다. 어떤 봉사단원은 지역의 공직자들에게 영어를 가르치기도 했는데, 다행히 나는 그런 일은 맡지 않았다. 읍내 여고의 영어 수업 시간에 참석해 영어 회화를 도와주기는 했지만, 두세 차례로 그쳤다. 업무 규정상 반드시 그럴 필요는 없었지만, 토요일에도 반나절 동안 일을 했다. 내 동료가 일을 하고 있는데 쉴 수는 없다고 생각했던 것 같다. 보건소의 남자 동료들은 매일 교대로 숙직을 했는데, 나는 그렇게는 하지 않았다.

보건소에서 내가 하는 일에는 결핵과 유사한 증세를 보이는 사람들을 추적, 관찰하는 작업이 포함되어 있었다. 흉부 엑스레이 사진을 찍고, 객담을 채취하고, 엑스레이 사진을 판독하고, 타액 검사 결과를 해독하는 것 등이 포함되어 있었다. 엑스레이 사진상 폐에 문제가 있는 것으로 나타나면 객담 검사를 통해 균을 확인하고, 균이 공기 중으로 전파

될 가능성이 있는지를 확인했다. 객담 검사에서 양성 판정을 받으면 최대 2년 동안 계속되는 세 가지 약물요법을 처방하였다.

나는 마을에서 일하고 있는 현장 직원들과도 함께 일했다. 이 직원들은 결핵 퇴치 프로그램의 최일선 인력들이었다. 보건소를 위해 일하고 있었지만, 행정적으로는 면사무소에 소속되어 있었고 대부분 해당 마을에서 거주했다. 주로 마을을 순회하면서 결핵 관련 증세를 보이는 사람들을 찾아내고, 치료 중인 환자들을 돌보는 일을 맡았다. 면 단위에 배치된 직원들은 매우 열정적으로 일했고, 보균자들이나 환자들을 적극적으로 찾아내 보건소로 안내했다. 반면 보건소 직원들은 상대적으로 수동적이었고, 증세가 있는 사람들이 찾아올 때만 일을 했다. 마을 단위에서 일하는 직원들과 군 단위 보건소가 합동으로 보건 캠페인을 벌이기도 했지만, 큰 효과는 보지 못했다. 내가 보건소 직원들과 동행해서 마을을 방문하는 배경에는 미국인까지 나설 정도로 결핵 문제가 심각함을 마을 사람들이 깨달아서 건강관리에 협조해주기를 바라는 기대가 깔려있기도 했다. 일종의 마케팅 수단이었지만, 어떤 면에서는 효과를 보기도 했다. 나는 이런 경험이 좋았다.

울퉁불퉁한 비포장길을 버스를 타고 가다가 정류장에 내리면 가구가 몇 채 안 되는 마을이 나왔다. 우선 이장에게 들러 우리를 소개한 후 결핵 증상이 있는 사람이 있는지 묻곤 했다. 그런 다음 우리는 해당 집을 방문하여 가래 표본을 채취하고 정확한 진단을 위해 읍내의 보건소를 방문해 달라고 안내했다. 결핵 진단을 받고 치료를 받고 있는 환자도 방문해 약을 제대로 복용하고 있는지 확인하기 위해 알약을 일일이 세기도 했다. 환자들은 보통 세 가지의 다른 약을 복용했는데, 그중 두 개는 알약 형태이고, 한 개는 주사용이었다. 알약은 식사 후에 하루 세 번 복용해야 했다. 환자들은 식사 때마다 한 움큼의 알약을 복용해야 했는데, 부작용이 있어서 처방대로 복용하는지 꾸준히 관찰해야 했다.

내가 전라남도, 더 나아가 한국인의 진정한 모습을 제대로 보기 시작한 것은 바로 이러한 현장 출장을 통해서였다. 버스를 타고 마을로 가던 어느 날, 70대로 보이는 노인 옆에 앉게 되어 대화를 나눌 기회가 있었다. 나를 만난 대부분의 한국 사람은 내가 어디서 왔는지, 고향은 어떤 곳인지, 왜 한국에 왔는지를 알고 싶어했다. 이 노인도 같은 질문을 해서 시골에서 자랐다고 대답했다. 그러자 내 손을 보고 싶다고 말해 보여 주었더니 이렇게 부드러운 손을 보니 시골에서 자란 것 같지 않다면서 크게 웃었다. 그는 자신의 살아온 역사가 그대로 담겨 있는 두껍고 거친 자신의 손을 나에게 보여 주었다. 그 후로 보건소에 들르는 사람들의 손을 유심히 쳐다보는 버릇이 생겼다. 나는 사람들이 얼마나 힘들게 일하는지를 알게 되었으며, 보건소를 방문하기 위해서 읍내로 온다는 것 자체가 하루의 수입을 포기해야 하는 어려운 결정이 뒤따른다는 것을 알게 되었다. 나에게는 당연한 것이 다른 사람들에게는 어려운 선택이었던 것이다.

**일상**

영암에 정착한 후 또 다른 일과가 생겼다. 아침 일찍 일어난 후 밖으로 나와 운동을 하는 것이다. 내가 달리기를 하는 날이면 사람들의 주목을 끌었다. 영암 사람들에게 젊은 사람이, 그것도 외국인이 달리기를 하는 장면을 보는 것은 신기한 경험이었다. 운동을 마치면 나는 방으로 돌아와 간단히 아침을 먹고 목욕을 했다. 읍내에 딱 하나 있는 목욕탕은

겨울에만 열었기 때문에 나는 마당에 있는 수동식 펌프를 이용해야 했다. 당시 영암에는 기계식 펌프가 귀했고, 수동식 펌프가 대부분이었다. 목욕을 하려면 운동용 반바지를 입고 나가 큰 대야에 물을 채운 후 몸 전체에 끼얹고 비누칠을 한 다음, 몸을 헹구는 과정을 반복해야 했다. 나중에 날씨가 쌀쌀해지기 시작하자 한 시간 정도 일찍 일어나 바닥을 덥히는 데 사용하는 석탄난로나 등유곤로를 사용하여 물을 데웠다. 겨울철에는 읍내 목욕탕에 일주일에 한두 번 정도 갔는데, 어떤 때는 너무 일찍 도착해 욕탕에 물이 미처 채워지지 않은 때도 종종 있었다.

목욕을 마치면 아침 9시에 보건소로 출근해 5시까지 근무했다. 일이 끝나면 가끔 동료들과 외출을 했다. 간호사들과 많이 다녔던 것 같은데 남자 직원들과도 종종 어울렸다. 간호사들은 나를 마치 친동생을 돌보듯이 대해 주어 진짜 누나처럼 느껴질 때가 많아서 좋았다. 우리는 야외에 플라스틱 테이블이 몇 개 놓여 있는 작은 가게에서 쥐포나 말린 오징어 따위의 안주를 곁들여 맥주를 마시면서 잡담을 나누곤 했다. 간호사들은 주위의 시선을 의식해 술집 안으로 들어가는 걸 꺼려했기 때문에 이런 나들이는 야외 테이블에 앉을 수 있었던 따뜻한 계절에만 가능했다. 가정이 있는 간호사들은 늦어도 6시 30분까지는 집에 들어가야 했기 때문에 모두 자리를 떠나면 나머지 시간은 혼자 보냈다.

남자 동료들과 외출할 경우에는 좀 달랐다. 우리는 주로 몇 개의 테이블이 놓인 선술집에서 어울렸다. 술집 내부는 지저분할 때도 있었지만, 음식 맛은 환상이었다. 맥주보다는 소주나 막걸리를 마셨는데, 나는 쌀로 빚은 막걸리가 좋았다. 막걸리는 한국 농민들이 즐겨 마시는 술이었다. 가정집에서 쌀로 알코올을 제조하는 것은 불법이었지만, 농촌에서는 이러한 제재가 대체로 무시되었으며, 많은 가정에서 술을 빚었다.

따라서 어디를 가더라도 막걸리를 마실 수 있었고, 마을 단위로 특화된 막걸리도 맛볼 수 있었다.

남자 동료들은 암모니아 냄새가 역하게 나는 삭힌 홍어와 같은 독특한 음식을 권하기도 했다. 간호사들과 어울릴 때와는 달리, 남자 동료들과의 자리는 밤 10시 또는 11시까지 이어지기도 했다. 모두 헤어질 때까지 또는 통행 금지가 되기 전까지 여기저기 자리를 옮겨 취할 때까지 마셔댔는데, 나는 별로 좋아하지 않았다.

동료들과 자주 간 선술집 이외에도 읍내에는 한복 입은 여성들이 접대하는 기생집이 두 개 있었다. 이 여성들은 젊었고, 술시중을 들거나 노래를 부르기도 했으며, 아마도 그 이상의 봉사를 하기도 했다. 기생집은 매우 비쌌기 때문에 사람들은 사업상 접대와 같은 특별한 일이 있을 때만 출입했다. 그중 한 기생집 주인의 아들이 광주에서 고등학교를 다니고 있었는데, 그 학생에게 영어를 가르칠 기회가 생겨 기생집에 대해서 조금 알 수 있게 되었다. 그 학생이 집에 올 때마다 여성 한 사람이 찾아와 물었다. "주인집 아드님이 집에 왔는데, 오셔서 영어를 가르쳐 주겠어요?"

기생집에 가면 기생들은 내가 수업할 수 있는 방을 내 주곤 했다. 그 학생은 어리고 매우 영리했는데, 영어 실력도 제법이었다. 학생의 어머니는 아들 교육에 많은 돈을 투자했으며, 자식이 이런 환경에서 벗어나기를 간절히 원하고 있었다. 학생의 어머니는 아주 젊은 시절에 기생집에서 일을 했는데, 운 좋게 제법 돈을 벌어 자기 소유의 기생집을 열 수 있었다.

기생들은 일이 없을 때면 가끔 먹을 것을 가지고 나에게 와서 이야기를 나누기도 했다. 그 결과 나는 그곳에서 일하는 몇몇 여성과 친구가 될 수 있었고, 길에서나 보건소 등지에서 그들을 만나면 반갑게 인사를 나누기도 했다. 이런 장면을 본 몇몇 동료는 어떻게 해서 내가 그들을 알 수 있게 되었는지 궁금해했다. 영어를 가르치고 있다고 설명하자 그들은 놀라는 반응을 보였고, '수업 끝나면 같이 맥주도 마시느냐?'라는 등의 질투 섞인 농담을 건네기도 했다.

나는 읍내의 다방에서 일하는 젊은 여성들과도 알고 지냈다. 다방은 큰 컵에 인스턴트 커피 한 잔을 시켜놓고 안락한 의자에 몇 시간 동안 앉아 대화를 하거나 독서를 즐길 수 있는 곳이었다. 청주에서 교육받을 때 다방을 처음 알게 되었는데, 보단을 만나기 전까지는 접할 기회를 갖지 못했다. 영암에 도착한 날부터 한 달에 두세 번 정도 나주나 광주에서 보단을 만났다. 우리는 성향이 조금 달랐는데, 내가 산이나 교외 등지로 돌아다니는 걸 좋아한 반면, 보딘은 시내나 찻집 등을 좋아했다. 다방에서 죽치고 앉아 편하게 쉬는 방법을 알려 준 사람이 보단이었다.

영암의 다방에 방문할 때마다 그곳을 드나드는 사람들을 관찰하는 것은 늘 흥미로웠다. 커피는 젊은 여성이 가져다주었는데, 이 여성들은 대부분의 경우 다른 서비스도 제공하였다. 특히 즐길 상대를 찾고 있는 남성들이 다방에 '배달 커피'를 시켰을 때는 더욱 그랬다. 다방에서 일하는 여성들은 외국인인 나를 많이 궁금해했다. 다른 고객과 달리 그들을 더듬거나 희롱하지 않았기 때문에 더 마음에 들었는지도 모른다. 그들은 한가할 때는 일부러 내 자리에 앉아 내가 궁금해하는 것들에 대해 이것저것 이야기해 주곤 했다. 내가 다른 사람과 달리 대화에만 관심을 보이고, 반말도 하지 않고, 무례하게 굴지도 않았기 때문에 더 호감을 느끼는 것 같았다.

그들과 대화는 매우 재미있었다. 한국어 실력을 늘리는 데도 큰 도움이 되었고, 영암의 돌아가는 사정을 이해하는 데도 아주 유용했다. 나는 다방 주인과도 흥미로운 대화를 나눌 수 있었는데, 다방 주인은 나보다 나이가 많았기 때문에 당연히 존댓말을 사용했다. 그 주인은 존댓말을 사용하는 나를 보고 자신들이 어떤 사회적 계층에 속하는지를 모르는 순진한 외국인 정도로 생각했을 것이다. 이런 것은 아무 문제가 되지 않았다. 이 상호작용을 통해 나는 많은 '언니'들을 만나게 되었다. 내가 다방에 올 때마다 그 언니들은 나를 특별하게 대우해 주었고, 결과적으로 다방으로 스포츠 경기를 보러 갈 때 나는 가장 좋은 자리를 배정받을 수 있었다.

다방의 또 다른 매력은 에어컨이었다. 다방은 영암에서 유일하게 에어컨이 있는 곳이었다. 내 방에는 선풍기가 있었지만, 한국인들은 선풍기 바람을 직접 맞으면 질식할 위험이 있다고 생각해 선풍기를 잘 틀지 않았다. 그리고 방 안의 선풍기는 전원 버튼이 없었고 타이머만 있었다. 선풍기는 두 시간 이상 가동되지 않았다. 다행히 나는 수리공이었던 아버지 덕분에 타이머를 거치지 않고 선풍기를 다시 가동시키는 법을 알고 있었다. 밤에는 선풍기를 꼭 끄라는 말은 자주 들었지만, 처음에는 익숙하지 않아 집주인이 내가 자고 있는 동안 들어와 선풍기를 끄기도 하였다. 결과적으로 나는 숨막히는 더위 때문에 새벽에 일어나 끙끙대야만 했다.

몇 달 후 직접 음식을 요리할 수 있는 곳으로 숙소를 옮기기로 했다. 나는 제법 현대식으로 꾸며진 한옥으로 이사했다. 주인은 70대의 미망인이었다. 내 방 뒤에는 주방이 딸려 있었는데, 팀의 도움을 받아 주방을 꾸밀 수 있었다. 팀은 광주에서 동료와 함께 자취를 하다가 나중에는 한국인 하숙집으로 옮겼다. 그 덕분에 팀이 쓰던 주방 용품들과 다른 단원이 쓰던 곤로 등을 얻어 쓸 수 있었다.

　이사를 한 후 나는 근처의 시장에 자주 들렀고 그곳에서 일하는 사람들과 더 친해질 수 있었다. 음식을 직접 만들 수 있었기 때문에 그날 그날 먹고 싶은 것을 사기 위해 시장에 들렀다. 나는 시장에서 일하는 아주머니들과 이야기를 나누면서 음식 재료 등을 가리키며 "이건 어떻게 요리해요?"라고 묻곤 했다. 내가 직접 요리를 한다는 사실을 알게 되자 그들이 "아이고, 내 아들 같네."라고 말하면서 내가 원하는 요리법을 가르쳐 주곤 했다. 그들의 도움으로 나는 낙지볶음, 된장찌개, 김치찌개와 같은 요리를 배울 수 있었다.

　영암 지리에 익숙해지면서 나는 튀김집도 자주 다녔다. 튀김가루를 입혀 기름에 튀긴 야채튀김은 단골 간식이 되었다. 튀김집은 주로 20~30대 초반의 젊은 여성들이 운영했는데, 조등학교 인근 노상에 탁자 몇 개를 놓고 장사를 했다. 튀김집에는 아이들이 좋아하는 만화책이 구비되어 있었고 나는 갈 때마다 만화책을 펴 놓고 있는 초등학생들과 어울리면서 튀김을 먹었다. 나는 튀김집에 가는 게 아주 즐거웠다. 주인들이 매우 친절했고, 만화를 통해 한국어 어휘를 익힐 수 있었으며, 많은 돈을 들이지 않고 시간을 때우기에 아주 좋았기 때문이다.

### 광주

　전라남도에 거주하는 많은 평화봉사단원은 주말이 되면 도청 소재지가 있는 광주로 모였다. 서로 만나 소식을 주고받고 술도 마시다가 일요일에 돌아오는 게 일상이었다. 나는 자주 가지는 않았다. 주말마다 미국인을 만나 영어로 말해야 할 필요성을 별로 느끼지 못했던 것 같다.

가족 이외에는 딱히 그리운 사람이 없었기 때문에 매주 가족에게 편지를 썼다. 나는 내가 살고 있는 곳을 둘러보는 데 더 관심이 있었다.

한두 달에 한 번 정도 광주에 가면 순천이나 목포 같은 곳에서 온 봉사단원들이 서로 얼굴을 보기 위해 모였다. 이럴 때는 모이는 장소와 날짜 등을 잡기 위해 전화를 통해 약속 정보를 릴레이했다. 나는 나주 보건소에 있는 보단에게 전화를 걸고, 보단은 목포의 빌에게 걸고, 빌은 또 다른 사람에게 전화를 거는 식이었다. 광주에서 우리는 보통 도청 근처에 있는 여관에 머물렀고, 그곳의 게시판에 서로의 위치를 알려 주는 메모를 남겼다.

광주에서 만날 때마다 우리는 오래전부터 광주에 자리 잡고 있는 팀을 만나고 싶어했다. 팀과 함께 시간을 보내는 게 매우 즐겁고 그가 술을 좋아한 것도 한 가지 이유이긴 했다. 팀의 한국어 실력은 우리 그룹 전체에서 가장 뛰어났고, 우리와 달리 이 도시에 대해 아는 것이 많았다. 우리가 광주에 갈 때마다 그는 항상 우리를 새로운 장소로 안내했다. 팀은 우리에게 600CC 정도의 맥주를 4달러에 마실 수 있는 일식집을 소개해 주었는데, 이 집에서 주는 해산물 안주는 그야말로 최고였다. 돈을 아껴야만 했던 우리에게는 마치 천국과도 같았다.

목포에서 일하는 빌과 캐시도 우리를 위해 좋은 장소를 안내해 주었다. 그들은 길가에 천막을 치고 늘어선 술집을 소개해 주었는데, 여기에서는 뼈를 통째로 씹어 먹을 수 있는 참새구이와 같은 신기한 음식들이 즐비했다.

가끔 혼자 광주를 돌아다니기도 했다. 도청에서 그리 멀지 않은 곳에 작은 골목을 발견했는데, 내가 좋아하는 빈대떡, 녹두전, 파전 등을 파는 곳이 몇 군데 있어서 가 보고 싶었다. 가게에는 판자로 얼기설기

만든 좌판이 있었고, 그 앞에는 야외용 의자와 테이블이 있었다. 가게 주인들은 그 뒤의 건물에 살았다. 나는 팬케이크와 비슷한 전을 먹고 막걸리를 마시면서 주변을 관찰하는 것을 좋아했다. 이런 가게는 호주머니 사정이 좋지 않은 사람들이 자주 찾았는데, 처음에는 나를 이상한 눈빛으로 쳐다보기도 했지만, 나중에는 자연스럽게 어울릴 수 있었다. 나는 한 가게만 간다는 오해를 사지 않기 위해 여러 가게를 돌아다니면서 먹었는데, 주인들이 좋아했다.

광주에서 봉사단원 동료들을 만나면 커피를 마시면서 이야기를 나누기 위해 다방으로 향했다. 광주에는 다방이 아주 많았는데, 앉아서 이야기 나누기에는 술집보다 편했다. 특히, 조금 비싸기는 했지만 커피 한 잔 시켜 놓고 몇 시간 동안 앉아 있을 수 있어서 좋았다. 물론 오래 앉아 있다 보면, 누군가가 와서 묻곤 했다. "죄송힙니다만, 당신과 함께 영어 연습 좀 할 수 있겠습니까?"

내가 광주를 혼자 가는 날이면, 이런 식으로 접근하는 학생들과 영어로 대화를 나눌 기회가 종종 있었는데, 이렇게 해서 제법 많은 친구를 사귈 수 있었다. 이 중 몇몇은 팀을 통해 만나게 되었는데, 팀이 알고 있는 학생들은 대부분 말을 아주 잘했고, 다른 학생에 비해 정치적으로 진보적인 견해를 가지고 있었다.

내가 한국어를 조금 할 수 있다는 사실을 알게 되면 이 학생들은 영어 연습에 대한 열의를 잠시 접은 채 한국어로 대화를 나누기도 하였다. 한국어로 대화를 나눌 때 정치와 같은 민감한 주제에 대해서는 영어로 대화를 하거나 작은 목소리로 말하곤 했다. 누가 엿들을 수도 있었기 때문이었다. 정치로 주제가 옮겨가면 그들은 한국 정부에 대한 나의 의견을 묻곤 했다. 나는 "정치에 대해서는 이야기할 수 없습니다." 또는 "여기는 당신네 나라입니다."라고 피하기는 했지만, 결국 나의 의견을 말하기도 했다. 물론 이럴 때마다 나는 미국 정부에 대한 나의 의견도 덧붙였다. 그들은 민주주의에 대한 나의 생각을 궁금해했지만, 사회주의나 공산주의에 대해서는 절대 언급하지 않았다. 우리의 토론은 주로 인권, 민주주의, 부의 재분배 등의 주제에 초점이 맞춰져 있었다. 그들은 가난한 계층들의 처지를 개선하고 부자가 더 부자가 되는 모순을 개혁하기를 원했다. 한국 친구들과의 이러한 만남을 통해 한국 정치와 인권 문제에 대한 나의 관심은 더욱 커졌다.

광주에서의 교류가 모두 즐거운 것만은 아니었다. 덥고 습한 어느 여름날, 나는 고속버스터미널 근처 골목을 걷다가 밖에 앉아 술을 마시면서 웃고 이야기를 나누고 있는 청년들 앞을 지나쳤다. 그중 한 명이 나를 미군으로 착각하고 욕을 퍼부었다. 사실은 이런 오해를 살까 봐 일부러 짧은 머리를 하지 않았지만, 그는 내 머리 길이로 내 신분을 눈치채지 못한 것 같았다. 그는 내가 "한국 여성들을 능멸하고 한국 문화를 존중하지 않는 무뢰한"이라고 말했다. 나는 주위를 둘러본 후 내가 아는 모든 한국어를 동원해 "나는 미군이 아니며, 결핵 환자를 돕는 보건소에서 일을 하고 있고, 한국 역사와 문화를 존중하는 사람"이라고 말했다. 그들은 잠시 말이 없이 입을 삐죽거리며 쳐다보더니 마침내 사과를 하고 소주 한 잔을 권했다. 나는 그들에게 괜찮다고 말하면서 "여기에 오는 주한 미군들에 대해 불쾌한 감정을 가질 순 있지만 모든 외국인이 군인은 아니며 우리는 한국을 사랑하고 있다는 것을 기억해 주면 좋겠다."라고 덧붙였다.

## 재교육과 서울 여행

평화봉사단원들은 1년에 두 번 현장 교육 프로그램에 참석해야 했다. 이 프로그램은 주로 3~5일 정도의 일정으로 서울 근교에서 열렸으며, K-45 그룹뿐만 아니라 다른 그룹의 사람도 참여했다. 여러 분야에 종사하고 있는 단원들이 한꺼번에 모여 자신의 경험에 대해 이야기하고 무엇을 어떻게 개선할 수 있을지에 대한 의견을 피력하기도 했다. 단원들의 경험은 매우 다양했고, 처한 사정은 모두 달랐다.

이 프로그램에서 얼마나 많은 것을 배웠는지는 모르겠다. 그러나 한동안 볼 수 없었던 친구들은 만나 놀 수 있어서 좋았다. 수원에서 교육을 받던 중 우리는 평화봉사단 사무소 직원들로부터 질책을 받았다. 종이비행기를 만들어 창 밖으로 던지며 놀았다는 이유였는데, 거리의 아이들이 이 종이비행기를 잡는 것을 좋아했고, 그들에게 비행기를 접는 법을 가르쳤는데도 문화적으로 예절이 없는 사람이라는 지적을 받았다. 평화봉사단 사무처는 문화 교류의 증진보다는 '올바른 예의'를 더욱 중요하게 여기는 것으로 보였다.

봉사단원들이 어울릴 수 있는 또 다른 기회는 추수감사절과 크리스마스 때 대사관이나 주한미군 측이 주한 미국인을 초청하는 파티였다. 나는 한국에 온 첫 해에 대사관 주최로 용산 기지에서 열린 추수감사절 만찬에 한 번 간 적이 있었다. 서울에는 딱히 가고 싶지 않아, 건강 검진이나 다른 곳을 가기 위해 경유한 것이 전부였다. 서울행은 밤샘 기차를 타거나 버스에서 대부분을 보내야 하는 긴 여행이었다. 나는 다른 미국인들과 어울릴 생각이 별로 없었고, 맥도날드, 영화관, 식당 등을 출입하기 위해 용산 기지에 몰래 가고 싶어하는 다른 봉사단원들이 잘 이해되지 않았다.

대사관 경비를 목적으로 경복궁 옆에 자리 잡은 해병 막사에서 열리는 금요일 밤의 모임은 서울에 오는 봉사단원들의 이목을 끄는 또 다른 행사였다. 나는 이 행사에 두 번 참석했는데, 금전적인 여유가 없는 대부분의 봉사단원과 마찬가지로 무료로 제공되는 음식과 술을 마음껏 즐길 수 있어서 너무 좋았다. 대사관 경비대는 우리를 친절하게 대했고 만나는 사람들도 매우 좋았다. 그러나 여기에서 나는 몇 가지 실망스러운 대화를 나누기도 했다. 술이 몇 잔 들어가자 미국 대사관 직원들은 속내를 솔직하게 털어놓기 시작했는데, "우리는 여기서 무슨 일이 일어나든 관심 없으며, 그저 미국의 이익을 보호하고 이곳에서 일하는 미국 기업들이 안전하기만 바랄 뿐"이라는 발언은 듣기가 매우 거북했다. 카터 행정부의 인권 정책은 밖으로 공표한 것만큼 중요한 것은 아니라는 사실을 깨닫게 되었기 때문이었다. 나는 카터 대통령의 인권에 대한 관심이 세상을 변화시킬 수 있는 힘이 있을 것이라고 믿고 있었던 탓에 더욱 실망스러웠다.

나는 이러저러한 이유 때문에 서울에 가는 것을 좋아하지 않았다. 나는 새로운 고향인 영암과 전라남도에 가고 싶은 곳이 많았고, 알고 싶은 것이 더 많았다.

## 새로운 고향, 영암

영암을 돌아다니면서 이곳을 속속들이 더 잘 알게 되었다. 나는 야외 활동 중에서 해안을 따라 하이킹을 하거나 등산을 하다가 우연히 발견한 절에서 스님들과 대화를 나누는 것을 좋아했다. 무엇보다도 '달이

뜨는 산'이라는 뜻을 가진 월출산이 가까이에 있다는 것은 행운이었다. 나는 대부분의 시간을 월출산에서 하이킹을 하거나 등반하면서 보냈다. 영암에 온 첫 주에 하숙집 주인 아들과 함께 월출산에 처음 올랐다. 그 뒤로는 다른 사람의 도움 없이 스스로 등산로를 개척하면서 다닐 수 있게 되었다.

월출산은 정말 아름다운 곳이었다. 아침 일찍 산에 올라 어두워질 때까지 등산했다. 가까운 계곡물에 발을 담그고 하루 종일 휴식을 취하곤 했으며, 힘들게 정상에 올라서면 기암괴석이 늘어선 산세에 취해 감탄을 늘어놓곤 했다.

혼자 야외로 나가 탐험하고 싶은 욕구는 어린 시절의 경험에서 우러나온 것이었다. 일곱 살이 되기 전 나는 필라델피아에서 남서쪽으로 약 50km 떨어진 펜실베이니아 주의 런던 그로브에서 자랐다. 오지 시골이었는데, 주변에는 우리 형제가 마음껏 뛰어놀기 좋은 농지가 전부였다. 또한 어머니가 실험실 기술자로 일했던 펜실베이니아 주립대학 수의과대학이 자리 잡고 있는 뉴볼턴 센터의 운동장에서 놀았다.

나는 퀘이커교에서 운영하는 유치원에 다녔고, 나중에는 유니온빌 초등학교에 입학했다. 1학년 부활절 방학 때 편도선 제거 수술을 받았는데 당시에 제거 수술은 일반적인 처치였으며 한동안은 아무런 문제가 없었다. 그러나 집에서 회복을 하는 동안 호흡 곤란 증세가 찾아오면서 뭔가 잘못되어가기 시작했다. 부모님은 나를 안고 주치의에게 달려갔고, 주치의는 가능한 한 빨리 큰 병원으로 데려가라고 말했다. 병원에 도착하자마자 나는 어린이 병동으로 옮겨졌고 그곳에서 정신을 잃고 말았다. 의식이 들어 눈을 뜨니 불빛이 나를 비추고 있었고 동양인처럼 생긴 간호사를 포함하여 마스크를 쓴 여러 사람에 둘러싸여 있었다. 내

목에 무슨 수술을 한 것 같았는데, 아프지는 않았다. 나는 금세 또 기절해 버렸다.

　오랜 시간이 흐른 후에 평화봉사단 근무를 시작하려고 떠나던 날 비로소 그날 밤에 무슨 일이 있었는지를 알게 되었다. 어머니가 내게 주신 노트에 '우리는 그날 밤 데이비드를 거의 잃을 뻔했다. 심장과 호흡이 사실상 멈추었는데, 의료 기술과 빠른 대처 그리고 무엇보다도 기도 덕분에 살아났다.'라고 쓰여 있었다. 목이 붓고 난 후 숨을 멈추었기 때문에 의사들은 응급조치로 기관 절개술을 했던 것이다. 나는 깨어났지만 내 목에 금속관이 삽입되어 있어서 말을 할 수 없었다. 3주 동안 병원에 입원하였고, 새 학기가 시작될 때까지 5개월 동안 친구들과 만날 수 없었는데, 이 경험으로 사회에 쉽게 적응하지 못하고 혼자 지내는 것을 좋아하는 성격이 형성된 것 같다. 또한 약한 기관지 때문에 몸 안에 산소가 부족해지면서 시력이 나빠지고 큰 소리로 읽지 못하는 문제들에 부딪쳤다. 그러나 생사를 넘나들었던 이러한 경험은 어떤 역경이 닥치더라도 그것을 이겨낼 수 있다는 자신감을 갖는 것이 중요하다는 귀한 가르침으로 연결되었다.

　또 다른 귀중한 경험은 퀘이커교가 운영하는 사립학교인 웨스트타운 프렌즈 스쿨에서 교육을 받은 것이다. 내가 일곱 살이었을 때, 우리 가족은 웨스트타운으로 이사를 했고 캠퍼스에 자리 잡고 있는 집에서 살게 되었다. 아버지는 학교의 보일러 기사 겸 잡역부 일을 했다. 아버지가 학교 직원이었기 때문에 나는 그 학교에 입학할 수 있었는데, 결과적으로 우리 집 형편으로는 도저히 감당할 수 없었던 사립학교 교육을 받을 수 있는 기회를 잡게 되었다. 이 학교의 학생들은 다양한 배경을 가지고 있었다. 부유한 가정 출신, 퀘이커 교도의 자녀들, 장학금을 받고 필라델피아와 같은 대도시에서 온 학생들, 나처럼 교직원이나 교사 자녀들이 서로 섞여 있었다. 매우 다양한 공동체였지만, 학생들은 스스로 무언가를 성취하려는 의욕으로 넘치고 있었다.

학교 그리고 퀘이커 공동체의 일원으로서 받은 교육은 나의 이상과 정신 그리고 나의 장래를 형성하는 데 큰 영향을 미쳤다. 불의 앞에 비폭력적으로 맞서는 법을, 그 사람이 누군지 어디서 왔는지, 어떻게 생겼는지는 관계없는 공동체 의식과 일체감의 형성이 중요하다는 것을, 그리고 공동체 안에서 개인을 존중하는 법을 배웠다. 학교에서 우리는 다양한 종교를 공부했고, 캠퍼스를 스스로 가꾸었으며, 일주일에 두 번 예배모임에 참석했다. 1학년 때 겪은 응급 상황 때문에 잘 어울리지 못해 다른 학생들과는 조금 다르기는 했지만 열심히 노력했다.

주로 혼자 월출산에 오르곤 했으나 등산하는 길에 만난 사찰에서 스님들을 만나 대화를 나눌 수 있어서 좋았다. 특히 스님이 한 분 계시는 작은 절을 무척 좋아했는데, 함께 앉아 여러 주제에 대해 토론을 하기도 했다. 그 스님은 내 한국식 이름을 아주 좋아했으며, 한국에서의 경험이 내 삶에 큰 영향을 미칠 수 있다고 말해 준 첫 번째 사람이었다. 가끔 나는 스님을 찾아가 속세의 소식을 전해주기도 했는데, 스님은 그 답례로 영혼이나 불교적 믿음, 자연의 아름다움에 관한 생각 등을 들려 주곤 했다. 나는 그의 이야기를 듣거나 때로 질문을 하기도 하며 대화를 이어나갔다. 나는 이런 대화를 통해 불교적 가르침에 대해 많은 것을 배우게 되었고, 내가 퀘이커 교도로 성장하면서 배운 가르침에도 감사하게 되었다. 무비판적이고 종교적인 자세로 수용하는 대신, 나에게 옳다고 생각하는 부분을 찾아 더 배우고자 노력했고, 이런 노력은 훗날 어떻게 살아야할 것인지를 고민할 때 철학적 안내자가 되어 주었다.

외진 곳의 결핵 환자를 방문하는 일은 삶과 죽음을 대하는 태도가 나와는 다르다는 것을 깨닫는 기회를 제공했다. 한 번은 세 세대가 가까이 사는 가족을 방문했는데, 할아버지는 결핵을 진단받았고, 부작용이 염려된 나머지 약을 거부했다. 내가 어떤 논리적인 근거로 설득해도 그는 "싫습니다."라고 거부했다. 그는 결국 나를 보며 이렇게 말했다. "나는 일흔이 넘은 노인이에요. 살만큼 살았고, 이제 지치고 피곤합니다. 약을 먹고 싶지 않아요. 나는 이제 끝났어요. 내 여정을 이제 마치고 싶습니다." 나중에 할아버지의 아들과 이야기를 나눴는데, 아버님의 뜻을 따르겠다고 했다. 나는 그저 할아버지의 선택과 그가 자신의 선택에 만족한다는 것을 인정해야 했다. 그는 이제 밭일을 할 수 없고, 가족들의 생계에 기여할 수 없기 때문에 아들과 가족에게 짐이 된다고 생각하고 있었다. 나는 여태껏 이런 시각을 본 적이 없었다. 개인이 전체를 위해 자신을 희생한다는 신념을 나중에 평화봉사단으로 마지막 주에 극적으로 마주하게 되리라는 걸 이 때는 몰랐다.

영암에서 시간을 보낼수록 나는 이곳에 동화되고 일부가 된 느낌을 받았다. 처음 도착했을 때 아이들은 나를 손가락으로 가리키며 외국인이라는 점을 상기시키는 것도 모자라 "미국! 미국!"이라고 소리치기도 했다. 그러나 시간이 지나면서 사람들은 나를 자연스럽게 받아들이기 시작했다. 상황이 이렇게 변한 이유는 내가 다르게 대우받는 것을 거부했기 때문이다. 당시 시골에서는 농번기가 되면 공무원들과 고등학생들은 농사일에 동원되었다. 가을에는 추수를 도왔다. 영암에서 첫 가을을 맞았을 때, 보건소의 동료들은 나는 추수 작업에 나설 필요가 없다고 말했지만, 나는 굳이 면제받고 싶지 않았다. 다른 부서의 공무원들은 며칠씩 동원될 때도 있었는데, 보건소는 업무를 쉬면 안 되기 때문에 하루 정도 동원되었다. 추수 때는 허리를 굽히고 낫으로 벼를 한 움큼 쥐어 자르고 쌓기를 반복했다. 봄에는 무릎 높이로 물이 찬 논에 들어가 모를 심었다. 나는 이런 일을 하면서 농사일과의 유대감이 강해졌고, 벼가 자라는 것을 볼 때마다 그때를 즐겁게 기억하게 되었다.

*＊＊*

영암 생활에 만족하고 있었지만, 당시 한국의 정치적 상황은 점점 악화되고 있었다. 한국 정치에 대해 깊은 지식은 없었지만, 학생 친구들을 통해 현재 무슨 일이 일어나고 있는지는 알 수 있었다. 1979년 10월 부산과 마산의 학생 시위는 비상계엄이 선포되면서 군인들에 의해 진압되었다. 내가 아는 어떤 학생들은 이 사건을 이승만 정권을 무너뜨린 1960년의 학생 혁명과 비교하였다. 이 시위가 과연 박정희 정권의 18년 독재를 무너뜨릴 것인지 궁금해했는데, 그 뒤로 이어진 박정희 살해 사건은 우리 모두를 놀라게 했다.

토요일인 10월 27일에 반공일 근무를 위해 보건소로 걸어가는데 심상치 않은 일이 일어난 듯했다. 조기가 걸려 있었고 여기저기서 수근거리는 소리가 들렸다. 사무실 안으로 들어가자 대통령이 죽었다는 뉴스가 흘러나왔고, 직원들은 상의의 왼쪽 주머니에 찰 검은 리본을 받았다. 박정희 대통령의 장례식 날, 전국의 모든 공무원은 장례식 생중계를 시청했다. 박정희 죽음 이후의 정세는 불확실성 그 자체였다. 정치 권력이 누구에게로 이양될 지 아는 사람은 아무도 없었다. 군부에서 새로운 독재자가 나타날 것인가, 민주주의로 이행할 것인가? 그날 이후 내 친구들과 동료들은 앞으로 사태가 어떻게 전개될 것인지 궁금해서 뉴스를 열심히 들었다.

　6주 후 '12.12'로 알려진 12.12 사태가 발생했다. 박정희 살해 사건을 조사하던 전두환 장군이 쿠데타를 일으켜 군 수뇌부를 교체한 것이다. 12.12 사태에 대한 뉴스는 나의 학생 친구들을 힘들게 했고, 내 주변의 동료들은 또 다른 독재자의 등장을 예고하는 신호탄으로 받아들였다. 그러나 전두환이 비록 4월 중순에 중앙정보부장으로 임명되기는 했으나 바로 정권을 차지하지는 않았기 때문에 사람들은 사태가 어떻게 전개될지 확신하지 못했다. 이에 대응하여 서울과 마찬가지로 광주의 학생들은 5월 중순까지 교내에서 민주주의 시위를 계속했다. 내가 알고 지낸 학생들은 시위를 통해 자신들의 목소리를 전달하고 여기에 카터 정부의 압력이 가세하면 민주주의가 실현될 것이라고 생각했다.

　1979년 나는 유명한 반체제 인사를 만날 기회를 얻었다. 이화여대 인근의 함석헌 선생 자택에서 퀘이커교 주례 모임이 열린다는 소식을 다른 봉사단원으로부터 듣고 참석하기로 했다. 함석헌 선생은 놀라운 사람이었다. 1901년에 태어난 그는 일제 강점기인 1919년에 3.1 운동에 참여하였고 퀘이커 교인이 되었으며, 일본과 소련은 물론, 이승만과 박정희 정권으로부터 박해를 받아 수차례 투옥된 경험을 가지고 있었다. 그는 내가 한국에 있는 동안 참석했던 여러 차례의 일요 모임에서 볼 수 있었다. 보통의 퀘이커 모임이 그렇듯이 이 모임은 1시간 동안 진행되었고, 우리는 모두 큰 방의 외벽을 따라 원을 그리며 바닥에 앉았다. 그곳에는 가끔 미국인 퀘이커 교도, 메리놀 신부들 그리고 평신도를 포함해 다른 외국인도 포함되어 있었다. 회의가 끝나면 간단한 공동 식사 자리도 있어서 퀘이커 공동체를 하나로 모으는 데 도움이 되었다.

　1980년 봄, 나는 평화봉사단 근무 기간을 1년 연장할 준비를 하고 있었다. 다른 봉사단원과 달리 나는 한국 생활이 즐거웠고, 내 앞에 어떤 흥미로운 기회가 전개될지 궁금해했다. 다음 근무지를 정하는 데는 시간이 걸렸는데, 결국 서울에 있는 보건부의 결핵 실험실에서 일하게 될 것이라는 사실을 알게 되었다. 그곳에서 있었던 1980년 봄의 인터뷰에서 나는 연구실을 관리하는 의사를 만났다. 우리는 치료 중인 환자들이 처방대로 약을 복용하고 있는지를 판별한 소변 검사법을 개발하기 위해 토론을 했으며, 이런 프로젝트에 참여할 기회를 얻었다는 사실에 크게 흥분하였다. 내 근무 기간이 연장되면서 미국에서 한 달간의 휴가가 주어졌지만, 휴가에는 관심이 없었고 되도록이면 빨리 일을 시작하고 싶었다.

　1980년 초에는 광주를 자주 갈 수 없었다. 근무 기간 연장 문제로 바쁘기도 했고, 전남에서 알고 지내던 봉사단원이 상당수가 소기 종료를 했기 때문이기도 했다. 예를 들어 보단은 서울에서 한 여성과 데이트를 하다가 1979년에 결혼을 했는데, 아내를 시골에 살게 할 수 없다고 판단한 그는 결국 평화봉사단을 그만 두고 대구 근처의 왜관에 있는 미군 기지에 직장을 구했다. 그 후 나는 광주를 혼자 다녔다. 팀을 만나고 싶으면 그가 어디에 살고 있는지 알고 있었기 때문에 마음만 먹으면 만나는 것은 어렵지 않았다. 5월 17일에 열리는 봉사단원 결혼식 초청장을 받은 나는 한 달여 만에 처음으로 토요일 근무를 쉬고, 광주에서 시간을 보내기로 했다.

1979년 영암의 건물 옥상들. 네 번째로 살았던 집에서 찍었다.

정착과 자아 찾기

보건소의 동료들과 월출산, 도갑사 나들이

두 번째 살았던 집의 마당에는 항아리와 수동 펌프가 있었다. 이 펌프로 마실 물과 목욕물을 마련했다.

나의 이름은 임대운

평화봉사단 훈련생들과 월출산 등반

정착과 자아 찾기

나의 산, 월출산

월출산에서 영암을 바라보다.

제2부

# 광주항쟁

## 3. 두려움과 희망

5월 16일 금요일부터 5월 17일 토요일

**5월 16일 금요일**

5월 16일 금요일, 일을 끝내고 광주로 가는 버스에 몸을 실었다. 토요일에 열리는 결혼식에 참석하기 전 광주에서 하루를 보낼 계획이었다. 광주행 버스는 나주에 잠시 정차했는데, 나주 보건소에 근무하는 미스 박이 버스에 올라탔다. 미스 박은 보단을 만나러 갈 때 가끔 만나 낯이 익었고, 보단이 떠난 후에도 광주로 가는 버스에서 종종 마주치곤 했다. 미스 박은 굉장히 활달한 성격을 가지고 있었을 뿐만 아니라 이미 우리는 서로 아는 사이였고 한동안 보지 못해 소식이 궁금했기 때문에 그녀는 내 옆자리에 자연스럽게 앉았다. 한국인이 외국인과 합석하는 것을 이상하게 생각할 만도 한데, 그녀는 전혀 개의치 않았다.

　미스 박은 전남대학교 3학년인 오빠와 주말을 보내기 위해서 광주에 가는 길이었다. 45분쯤 걸리는 광주버스터미널까지 가면서 우리는 이런저런 대화를 나누었다. 우리 둘은 저녁을 먹지 못했으므로 터미널에 내려서 간단히 뭘 좀 먹기로 했다. 미스 박이 오빠와 만나는데 함께 가자고 제안해서 나는 그녀의 오빠를 자연스럽게 만나게 되었다.

그녀의 오빠는 광주역과 학교 사이에 있는 2층집에서 다른 학생과 함께 자취를 하고 있었다. 우리가 도착했을 때, 오빠는 다른 세 명의 학생과 함께 최근의 사건 이후 학생운동의 방향을 두고 열띤 토론을 벌이고 있었다. 서울에서 벌어진 일련의 시위는 수만 명의 학생이 거리로 쏟아져 나왔던 그 전날에 최고조에 달했으나, 민주화 일정을 재개할 것이라는 정부의 발표에 따라서 학생들은 일단 시위를 자제한 상태였다.

미스 박의 오빠와 친구들은 사태가 어떻게 전개되고 있는지를 잘 알고 있었다. 그들은 봄철 내내 벌어진 시위에 참여했었다. 나는 그들에게 직접 묻지는 않았지만, 광주를 비롯하여 전국에서 벌어진 그간의 사건들을 종합해 판단해 볼 때 현재의 상황은 단순한 시위 이상에 달했음을 직감할 수 있었다.

이들의 토론 주제는 '현 정부와 전두환을 신뢰할 수 있는가?'였다. 학생들은 나에게 미국 정부는 어떻게 생각하는지, 카터 정부는 전두환을 지지하는지 등에 대해 묻기도 했다. 정치에 관여해서는 안 되는 평화봉사단 신분 때문에 끼어들지 않기 위해 최대한 노력을 했지만, 옳다고 생각하는 것을 실천에 옮기는 것은 중요하다는 의견을 제시했다.

솔직히 말해서 나는 이런 질문을 받았을 때 아주 난처했다. 의미 있는 답변을 할 만큼 한국 정치에 대해 잘 몰랐기 때문이었다. 지난 2년 동안 광주에서 학생들과 대화를 나누면서 많은 것을 배웠지만, 나의 한국 정치에 대한 지식은 여전히 일천했다. 그리고 내가 접촉하는 사람들은 대부분 공직자였기 때문에 많은 것을 배우기가 어려웠다. 공직자들은 매우 조심스럽게 발언했고, 특히 정치에 대해서는 거의 언급하지 않았다. 택시 기사들은 한국에서 실제로 일어나고 있는 일에 대해 많은 것을 알았고 이야기도 나눌 수 있었지만, 호기심이 지나치면 대화를 중단해 버렸기 때문에 조심스럽게 접근해야 했다. 많은 사람은 한국으로 파견된 평화봉사단원들이 미국 정부의 첩보원이라고 알고 있는 경우가 많아서 민감한 주제에 대해서는 쉽게 입을 열지 않았다.

서울 미국 대사관의 해병대 막사에서 열렸던 금요 모임에서 오간 대화가 떠올랐다. 나는 학생들이 미국에 너무 많은 것을 기대하고 있다고 지적하고 미국 정부가 겉으로는 인권을 보호하는 것처럼 보이지만, 사실은 자국 이익이 우선이라고 말했다.

대화 도중 학생들은 오늘 저녁에 광주역에서 도청까지 횃불 행진이 있을 것이라고 알려주었다. 이 행사 이후에는 전국의 다른 학생과 마찬가지로 일단 시위를 중단하고 정부가 어떻게 나오는지를 지켜볼 계획이었다. 행진을 준비하기 위해 나서는 학생들과 헤어지면서 나도 횃불 행진을 보고 싶다고 말했다. 나는 서둘러 여관에 짐을 풀고 광주역으로 걸어갔다. 사람들이 광장으로 모여들고 있었다. 내가 서울에서 보던 시위와는 달리, 분위기가 매우 평화스러웠다. 교통정리를 하는 정복 차림의 경찰만 보일 뿐, 전투경찰은 보이지 않았다.

조금 떨어진 보도에서 행진 대열을 따라갔다. 비록 한국의 미래를 걱정하고는 있지만, 평화봉사단원의 신분으로 행진에 직접 참여할 수는 없었다. 학생들과 시민들을 포함한 많은 사람이 나에게 다가와 말을 걸었다. 그들도 내가 사정을 정확히 이해하기를 원했기 때문이었다. 많은 시민들은 이 행진이 정부를 각성시켜서 민주주의를 앞당길 것이라

학생들이 횃불행진 후 도청 앞 분수대 주변에 모여있는 모습. 5월 16일에 열린 이 집회는 평화적이었다.

고 말했다. 또한 학생들이 이제 자제하고 수업에 복귀하면 정치가 헌정질서에 따라 진행되면서 민주주의로의 여정이 순조롭게 진행될 것으로 기대했다. 그러나 내가 만난 학생들은 그렇게 희망적으로 보지는 않는 듯했다. 시위가 중단되면 민주화 여정에 차질이 생길 것으로 결론을 내린 것 같았다.

행진은 학생들이 도청 분수대에 횃불을 점화하면서 끝났다. 나는 미스 박과 오빠를 다시 만나고 싶었으나, 그날은 운이 따라주지 않았다. 학생들이 흩어지고 나는 여관으로 돌아와서 바로 잠들었다.

## 5월 17일 토요일

결혼식장으로 가기 위해 다음 날 일찍 일어나 버스 정류장으로 갔다. 결혼식장은 광주의 남서쪽에 있었다. 식장에 10시쯤 도착해 결혼식 하객으로 참석한 몇몇 봉사단원을 만났다. 신랑은 K-46에 소속돼 영어 교사로 일하고 있었는데, 몇 번 만난 적이 있었다. 결혼식이 열리는 곳은 신부의 고향이었다. 전라북도에서 영어 교사로 일하고 있는 동료들이 하객으로 많이 참석했으며, 그 외 인근 지역에서 몇몇 동료도 참석하였다.

한국에 와서 처음 본 결혼식은 이른 오후에 공원에서 아름다운 전통 예식으로 치뤄졌다. 다른 봉사단원은 주로 큰 도회지에서 영어를 가르치고 있었고, 나는 시골 지역에 있었기 때문에 우리의 경험을 서로 비교하는 것은 매우 흥미로웠다. 우리 중 몇몇은 한국의 정치적 상황에 대해 이야기했다. 일부 단원은 박정희가 암살되던 날 서울에 있었고 또 일부 단원은 전두환이 쿠데타를 일으킨 12월 12일에 서울에 있었다. 불행하게도 대부분 자신들이 그곳에 있었던 경험 이외에는 아무런 정보도 가지고 있지 않아서 토론에 도움이 되지는 못했지만, 내가 몰랐던 관점들을 확인할 수 있어서 유익했다. 영암에는 탱크도 배치되지 않았고, 총소리도 나지 않았으며 박정희 암살 이후에는 검은 리본과 사건에 대한 은밀한 이야기만 오갔을 뿐이었다.

우리는 저녁 9시까지 먹고 마시고 떠들다가 각자 숙소인 여관으로 돌아갔다. 몇몇 동료는 근무지로 가기 위해 일찍 떠나기도 했다.

## 4. 이대로 두고 볼 수는 없다

### 5월 18일 일요일

아침에 일어났는데 비상계엄이 전국으로 확대되었다는 뉴스가 나왔다. 몇몇 동료들과 아침을 먹기 위해 밖으로 나왔다가 지금 일어나고 있는 일에 대해 이야기를 나누었다. 처음에 우리는 별로 큰 문제는 아니고 최근 전국적으로 격렬해진 시위에 대한 조치일 것이라고 생각했다. 그러나 추가로 들어온 몇 가지 세부적인 소식에 우리는 무척 놀랐다. 김대중을 비롯한 야당 지도자들이 체포되었고 서울에서 학생 지도자들의 회의가 급습당했으며, 많은 학생들이 체포되었다는 소식이었다. 학생들이 시위를 일단 중지하기로 했다는 점을 감안하면 매우 극단적인 조치로 판단되었다. 우리는 이런 사태가 무엇을 의미하는지에 대해 논의했다. 그리고 이것이 전두환에 의한 쿠데타의 마지막 단계라는 데 공감했다. 아침 식사를 마치고 산책을 나가서 다른 봉사단원 몇 명을 더 만나서 대화를 나누다가 오후가 되자 우리는 술집으로 자리를 옮겼다.

영암으로 돌아가기로 했다. 일단 시내로 들어가는 버스를 탔고, 오후 5시 30분쯤 시내에 도착하였다. 시외버스터미널로 들어가는데 최루가스 냄새가 났다. 한국에서 2년을 지내는 동안 이미 익숙해진 냄새였지만, 그날따라 기분이 더 좋지 않았다. 터미널 안에는 평소보다 더 많은 사람이 모여 있었는데, 긴장감이 역력했다. 버스가 보통 때보다 일찍 출발했기 때문에 사람들은 버스표를 구하기 위해 몰려들었다. 평소 같으면 저녁 9시까지 영암 행 버스가 있었다. 그런데 아무런 설명도 없이 영암 가는 버스는 이제 없다는 안내가 나왔다. 나는 하는 수 없이 광주에서 하루를 보내야 했다. 통행 금지가 앞당겨졌다는 사실도 알게 되었다. 일단 내일 가장 먼저 출발하는 버스 승차권을 구입한 다음, 광주에 오면 늘 머무는 곳으로 발걸음을 옮겼다. 그곳은 도청 근처였다.

길에는 사람들이나 차들이 별로 없었기 때문에 노정으로 가는 길은 매우 섬뜩했다. 가는 길에는 군용트럭들이 줄지어 서 있었고 무장을 한 군인들이 대오를 이루며 있었다. 시위가 있었던 것으로 보였는데, 전투경찰이 아니라 군인들이 있는 게 이전과 달랐다. 시위가 끝난 후 사람들이 일상으로 복귀했던 서울과 비교해볼 때 광주의 분위기는 사뭇 달랐다. 내가 본 사람들은 고개를 숙여서 군인들을 피하고 최대한 빨리 거리를 벗어나려는 것 같았다.

도청으로 가는 대로인 금남로 쪽으로 가다가 팀을 만났다. 평소에는 동료 봉사단원들을 길에서 마주친 적이 거의 없었기 때문에 팀을 보게 되어서 깜짝 놀랐다. 팀의 얼굴에 놀란 표정이 역력했다. 같이 도청 쪽으로 가면서 그는 여기저기를 가리키면서 자신이 목격한 사건들을 설명했다.

나중에 자신의 글에서 묘사한 것처럼, 팀은 일단의 학생들이 계엄

해제와 김대중 석방을 요구하는 시위를 하던 아침에 시내에 있었다. 전투경찰들은 학생들의 투석전에 최루탄으로 맞섰는데, 최루가스는 학생들은 물론이고 일요일 아침을 맞이하던 행인들까지 힘들게 했다.

서울의 시위와 크게 다르지 않는데도 오후가 되자 군인들이 시내로 진출하여 길거리에 보이는 젊은이들을 진압봉 등으로 구타하기 시작하였으며, 도망치는 사람들을 주변 골목까지 추격해 잡아들였다. 팀도 다른 한 명의 봉사단원과 함께 수십 명에 달하는 사람들 틈에 끼어서 군인들을 피해 가게로 몸을 숨겼다. 그런데 갑자기 군인들이 가게로 들이닥쳐 진압봉으로 사정없이 패기 시작했으며, 어떤 군인은 팀을 구타하려다가 외국인임을 눈치채고 깜짝 놀라는 통에 자리를 피할 수 있었다. 또한 팀은 군인들이 젊은이들을 끌어내기 위해서 여기저기 상점들을 수색하는 장면을 목격했다.

나는 팀이 말한 것을 믿을 수 없었다. 자신이 보고 겪은 사건을 계속 말할 때마다 점점 더 믿기지 않았다. 시위 참여 여부와 관계없이 젊은이들을 무차별적으로 구타했다는 대목은 특히 그랬다. 그러나 시내 분위기를 보며 점점 사실인 것을 알 수 있었다. 우리가 금남로를 따라 걸을 때 가는 곳마다 방독면을 착용한 군인들이 무리를 이루고 있는 것을 볼 수 있었다. 전부 무장을 하고 있었다. 간간이 사복 차림의 무리도 볼 수 있었는데, 차림새나 사람들을 경계하듯이 쳐다보는 표정 등으로 볼 때 정부 요원들 같았다. 이런 사람들과 달리 일반 시민들은 우리가 다가오는 것을 보면 흩어지곤 하였는데, 아마도 외국인들과 이야기하다가 잡혀가는 것이 두려워서 그런 것은 아닐까 생각되었다.

그러나 모두가 다 그런 것은 아니었다. 팀은 도청 근처 공사장으로 나를 데려가 학생들이 투석전을 하던 흔적을 보여 주었다. 그가 군인과 학생 간의 대치상황을 한참 설명하고 있는데 어떤 사람이 갑자기 우리 쪽으로 다가왔다. 70대쯤으로 보였는데 푸른색 한복을 입어서 그의 하얀 머리와 수염이 유난히 돋보였다. 빠른 걸음으로 달려오고 있는 것으로 봐서 무언가 우리에게 말할 게 있는 듯했다.

그는 우리 쪽으로 다가오더니 망설임이 없이 한국어로 말을 하기 시작했다. 아마도 우리가 한국어를 알아듣는다고 생각했던 것 같다.

"오늘 무슨 일이 일어나고 있는지 봤죠?" 숨도 제대로 쉬지 않고 말했다.

"네, 할아버지. 봤습니다." 팀이 대답했다.

"당신도 봤나요?" 그가 나를 보며 물었다.

"못 봤습니다. 광주에 이제 막 도착했거든요." 내가 대답했다.

그가 우리 둘을 번갈아 보더니 말했다.

"군인들이 시위와 아무런 관계도 없는 무고한 사람들을 마구잡이로 팼어요. 군인들은 심지어 가게 안까지 뛰어 들어가 젊은이들을 끌고 갔어요."

"도대체 무슨 일인가요?" 팀이 물었다.

"저들은 보통 군인들이 아니에요. 공수부대들이에요. 이럴 수는 없어요. 시위에 참여하지도 않은 무고한 사람들까지 두들겨 패다니. 이렇게 놔 두면 안 돼요. 광주 시민들이 맞서 싸워야 해요."

그런 다음 그는 가던 길로 갔다. 팀과 나는 놀란 눈으로 서로를 바라봤다. 이 상황이 앞으로 어떻게 전개될 것인지 궁금했다. 처음에는 시간이 지나면 사태가 진정될 것으로 생각했는데 노인과 이야기를 나눈 후에는 확신할 수 없었다. 우리는 군인들이 왜 이렇게 잔인하게 진압하고 있는지 알고 싶었다. 팀은 피를 흘리면서 의식이 없는 시민들이 거리에서 군인들에게 질질 끌려가서 트럭에 던져지는 장면을 목격했는데, 아마도 죽었을 것이라고 생각했다. 이제까지 한 번도 경험하지 못한 광경이 눈앞에서 펼쳐지고 있었기 때문에 무슨 일이 일어나고 있는지 도저히 이해할 수 없었다.

통행 금지가 9시로 앞당겨졌다. 팀은 나를 역 근처에 있는 자기 하숙집으로 데리고 갔다. 팀은 중년의 어머니와 20대 초반의 아들이 살고 있는 가정집에 살고 있었다. 집으로 가면서 팀은 하숙집 주인 앞에서는 오늘 일어난 일에 대해서 말하지 말라고 당부했다. 아들을 걱정할 게 뻔했기 때문이었다. 아주머니와 아들은 방 두 개, 거실 그리고 부엌이 딸린 2층에 살았고 우리가 사용하는 공용 화장실은 1층에 있었다.

우리가 도착하자 어머니는 저녁을 준비하고 있었고, 아들 선재는 팀과 같이 사용하는 방에 있었다. 식사를 하기 위해 둘러앉았는데, 입맛을 잃어 먹을 수 없었다. 집안에는 긴장이 가득했다. 저녁을 먹은 후 각자의 방으로 들어갔는데 선재는 어머니가 절대 밖으로 나가지 말라고 해서 하루 종일 집에 있었다고 말했다. 선재가 사건에 엮이게 될 것을 두려워 한 팀은 자기가 목격한 것을 거의 이야기하지 않았다. 우리는 두 시간 정도 대화를 나누다가 잠자리에 들었다.

## 5. 은밀하게 퍼져가는 소식들

5월 19일 월요일부터 5월 20일 화요일

**5월 19일 월요일**

9시까지는 출근해야 하므로 첫차를 타기 위해서 일찍 일어났다. 팀에게 작별 인사를 할 때 우리가 어제 본 상황은 다 마무리되었을 것이라고 생각했다. 버스터미널까지 10여 분 걸어갔는데 전날의 긴장은 거의 느껴지지 않았다. 시내에도 군인들은 잘 눈에 띄지 않았으며, 버스를 타고 영암으로 가는 동안에도 마찬가지였다. 더는 무슨 일은 없겠구나 하는 생각이 들었다. 나는 평화봉사단 교육 때문에 춘천으로 가야 했기 때문에 수요일에는 다시 광주에 와야 했었다. 그때가 되면 더 자세히 알게 될 것이라고 생각했다.

영암에 도착한 후 우선 집에 들러 씻은 다음 보건소로 향했다. 보건소에서는 일요일에 광주에서 일어난 일에 대한 이야기들이 있기는 했으나, 비상계엄 확대와 김대중을 비롯한 반정부 인사 체포 소식에 더 많은 관심을 두고 있었다. 전두환이 이제는 확실하게 권력을 잡았으며, 박정희를 잇는 독재자가 될 것이라는 데 대부분 의견이 일치하는 듯했다.

이러한 대화는 은밀하게 이루어졌다. 사람들은 누구를 믿어야 할지 몰랐기 때문이다. 도처에 중앙정보부 정보원들이 깔려있었고 우리 사무실도 예외는 아니었다. 은밀한 대화와 조심스러운 언행은 당시에는 일반화된 습관이었다. 잘못되면 직장을 잃을 수도 있고 감시 대상자 명단에 오를 수 있었다.

다른 날과 마찬가지로 보건소에는 결핵 진단과 치료를 받기 위해 사람들이 오고 갔다. 오후가 되자 오전에 광주에 다녀온 사람들이 일요일에 발생한 폭력 사태가 지금도 계속되고 있다는 소식을 전했다. 오히려 더 심각해지고 잔인해지고 있다는 이야기였다. 죽은 사람도 있다는 소문도 돌았다고 했다. 군인들이 아무런 이유도 없이 젊은이들을 구타하고 잡아들이고 있기 때문에 젊은이들은 특히 더 조심해야 할 것 같다고 말했다. 어떤 사람은 시위에 연루되어 있다고 생각하면 젊은 여성들에게도 폭력을 무자비하게 행사하고 있다고 조심스럽게 말하기도 했다.

군인들의 잔혹성에 대한 소식은 시간이 갈수록 점점 늘었다. 광주에서 돌아온 몇몇 사람은 광주에 온 군인들은 보통 군인이 아니라 '특수부대원'이라고 말했는데 일요일에 어느 노인이 나와 팀에게 했던 말과 일치하는 것이었다. 이 소식은 우리들끼리 오고 가는 은밀한 대화를 더 복잡하게 만들었다. 왜 특수부대원들이 시위 진압에 투입되었을까? 학생들은 시위를 중단하고 수업에 복귀하겠다고 밝혔는데 왜 계엄령이 확대되고, 캠퍼스에 군인들이 진주하여 학생들의 출입을 막았을까? 무슨 일이 있었던 것일까? 정부는 왜 학생들의 시위를 그렇게 잔인하게 진압했을까? 왜 이런 일이 일어났으며, 과거의 시위와 무슨 차이가 있길래 이런 일이 벌어졌을까?

이야기를 더 들을수록, 특히 특수부대원들의 출현과 군인들이 젊은 이들에게 행사한 폭력의 잔인성에 대한 소식이 전해지면서 보건소 동료 직원들의 걱정은 점점 늘었다. 많은 직원들이 광주에 가족을 두고 있었기 때문에 가족들의 안전 여부를 확인하느라 전화는 오후 내내 바빴다. 우리는 평소처럼 정상적으로 일을 하려고 노력했으며 광주 가족의 소식이 궁금한 사람들에게 전화를 사용할 수 있도록 편의를 제공하였다. 시간이 지날수록 점점 더 걱정되었다. 이런 폭력은 비정상적인 것이었다. 광주에서 알고 지냈던 사람들, 특히 학생들의 안부가 걱정되었다.

조금 안심이 된 것은 평화봉사단 본부에서 별다른 조치가 내려오지 않은 것이었다. 아마도 우리가 걱정할 만큼 악화된 것은 아닐 수도 있었다. 상황이 심각했다면 본부에서 어떤 식으로든 연락을 보냈을 것이다. 일이 끝나고 집에서 간단히 저녁을 먹고 잠시 책을 읽다가 자리를 폈다.

내가 그때까지 미처 몰랐던 것은 광주를 떠나던 바로 그날 아침, 군부는 더 많은 특수부대를 광주로 보냈고 그 결과 충돌이 더 격렬해졌다는 사실이다. 팀은 이러한 광경을 지근거리에서 목격했고, 전날과 마찬가지로 사건 현장에서 군인들이 사람들을 끌고 가는 것을 막고 부상자들을 병원으로 옮기는 일을 도왔다. 물론 팀이 이런 이야기를 들려준 것은 며칠이 지난 후였다.

**5월 20일 화요일**

다음 날 보건소에서는 여기저기서 수근거리는 소리가 더 많이 들렸다. 업무가 월요일처럼 바쁘지는 않았다. 마음도 심란한데 일단 일에 매여 있지 않아도 되어서 다행이기도 했다. 동료 직원들은 광주의 가족들과 연락하는 데 어려움을 겪고 있었다. 보건소에 오는 사람들은 광주 소식을 계속 전하고 있었지만, 전날만큼은 아니었다. 그러나 군인들의 잔혹성에 대한 소식은 월요일보다 훨씬 심했다. 군인들이 총으로 사람을 쏘거나 총검으로 죽였다는 소문도 있었다. 전날까지만 해도 큰 걱정을 하지 않은 사람들도 비로소 걱정하기 시작했다.

다방에는 텔레비전이 있었기 때문에 많은 동료 직원이 커피를 마시며 뉴스를 보기 위해 다방으로 갔다. 평상시에는 거의 없는 일이었다. 그러나 텔레비전에서 나오는 뉴스는 우리가 들은 광주 상황과 전혀 일치하지 않아 당황했다. 우리는 사실과 소문을 가려내기 위해 노력했다. 공수부대의 폭력, 총격, 심지어 사망에 이르기까지, 최소한 우리가 들은 바에 따르면 그 누구도 안전해 보이지 않았다. 특히 젊은이들이 그랬다. 무슨 일이 일어났고 그 원인은 무엇일까? 공포가 가득했다. 사람들은 광주 시민들에 대한 폭력이 고조되고 있다는 사실을 계속 들었고, 언제 어떻게 끝날지 알 수 없었다.

나는 수요일에 춘천에서 열리는 교육에 참석해야 했다. 저녁에 보건소 직원들과 한잔하면서 내일 춘천으로 가야할 것 같다고 말했다. 그때까지만 해도 평화봉사단 본부로부터 교육이나 광주의 상황과 관련하여 아무런 연락을 받은 바 없었다. 직원들은 만류하고 싶어했다. 춘천을 가기 위해서는 광주를 거쳐야 하지 않느냐고 염려했는데 나는 그래서 더욱 춘천에 가야 했다. 팀과 내가 알고 지내던 학생들이 걱정되었기 때문이었다. 어떤 구실을 동원해서라도 광주에 가서 이들이 괜찮은지 확인하고 무슨 일이 벌어지고 있는지 직접 보고 싶었다.

# 6. 앞에 놓인 길

**5월 21일 수요일**

석가탄신일인 수요일에 교육에 참석하기 위해 광주를 거쳐 가기로 결정했다. 만약 광주에서 아무 일이 일어나지 않는다면 팀과 나는 춘천으로 갈 수 있을 것이다. 일이 잘못되면 어떻게 해야 할 것인가는 전혀 생각하지 못했다.

영암 버스터미널로 가는 도중 광주의 모든 전화 회선은 어젯밤부터 불통이라는 소식을 들었다. 광주의 폭력사태가 더 악화되고 있다는 사실을 알고 있던 터라 어떻게든 광주에 가야 한다는 결심은 더 굳어졌다. 이쯤 되면 춘천으로 가지 못하게 될 것은 분명했다. 아침 6시 30분 차를 타고 출발했는데, 나주에 도착하니 버스 기사가 더는 갈 수 없다고 말했다. 버스 기사에게 이유를 물으니 "광주에서 일어나고 있는 일 때문"이라고 대답하면서 "웬만하면 광주에 가지 말라."고 덧붙였다.

나는 이 조언을 무시하고 계속 가기로 결정했다. 반드시 광주로 가야 할 것만 같았다. 왜 이런 생각이 들었는지는 딱히 설명할 수는 없지만, 아무튼 광주로 가야 했다. 문제는 '차로 약 30~40분 정도 거리가 남았는데 어떻게 갈 것이냐?'였다. 택시 기사 몇 명에게 얼마나 내야 하냐고 물었더니, 최소 5만 원이라고 했다. 평화봉사단 급여로는 도저히 감당이 안 되는 액수였다.

광주로 가는 버스는 많이 타 봤기 때문에 길은 익숙했다. 나는 젊고 건강했다. 일단 짐을 줄이고 필요한 물품과 카메라만 챙겼다. 걸어서 가기로 결정했다. 두어 시간 후면 도착할 것이라 생각했다. 다행히 걷기에는 좋은 날씨였다. 하늘에는 구름 몇 점만 떠 있었고, 날씨가 포근했기 때문에 티셔츠 차림이면 족했다. 조금 걷다 보니 광주로 가는 대로가 나타났다. 이 대로는 널찍하고 직선으로 쭉 뻗어 있어서 전쟁 시에는 비상 착륙장으로 이용되고 있었다. 대로를 따라 걷고 있는데, 트럭과 버스가 다가오는 게 눈에 띄었다. 2톤 군용 트럭의 짐칸에 탄 사람들은 서 있었고, 버스에 탄 사람들은 상체와 머리를 차창 밖으로 내밀고 있었다. 버스와 트럭 측면에는 현수막이 둘러 있었다. 시위대 차량이라는 것을 직감적으로 알 수 있었다. 이 놀라운 광경을 본 나는 카메라를 꺼내 택시가 선두에 있고 그 뒤로 트럭과 버스가 따라오는 장면을 찍었다.

이 차량들은 나주로 향하고 있었다. 현수막에는 '김대중을 석방하라.', '전두환은 퇴진하라.'와 같은 구호들이 쓰여 있었다. 차량에 탄 사람들은 대부분 청년들이었으며, 모두 노래를 부르고 구호를 외치고 있었다. 나는 차량 행렬에 손을 흔들었고, 그들은 환호성을 질렀다. 그들은 전라남도 남부 사람들에게 광주 시민들이 민주주의를 위해 맞서 싸우고 있다는 것을 전하게 위해 이렇게 차량 시위를 하고 있는 중이었다. 지나가는 차량들을 보면서 나도 흥분되었다. '어쩌면 이것이 결국 민주

앞에 놓인 길

나주에서 광주로 가는 길에서 마주친 트럭과 버스. 앞의 택시에 중앙정보부 요원이 타고 있었고, 그와 마찰이 있었다.

주의의 봄을 알리는 계기가 될 수도 있지 않을까?'라고 생각했다.

그러나 사진을 찍은 것이 화근이 될 줄은 몰랐다. 트럭과 버스를 인도하며 전진하던 택시가 재빨리 유턴해 내 쪽으로 왔다. 택시는 마지막 순간에 방향을 틀어 내 바로 앞에서 멈췄다. 운전자는 민간인 복장 차림이었는데, 뒷좌석에 앉은 사람은 군인 복장 차림이었다. 그가 내 앞으로 달려오더니 빠르고 억센 억양의 한국어로 카메라를 달라고 했다. 나는 침착하게 싫다고 말했다.

그때 차에 타고 있던 어떤 사람이 유리창 밖으로 머리와 팔을 내밀고 내 카메라를 낚아채려고 했는데 다행히 나는 손길이 닿지 않는 곳에 있었다. 그는 다시 나에게 카메라를 달라고 요구했다. 나는 주눅 들지 않고 그 자리에서 서서 침착하게 한국말로 거절했고, "당신은 내 카메라를 가져갈 권리가 없다."라고 말했다. 운전자가 개입할 때까지 이러한 실랑이는 몇 차례 더 반복되었다. 운전자는 또박또박한 미국식 영어 말투로 이 사람은 한국중앙정보부 요원인데 단지 필름만 원할 뿐이라고 말했다. 나는 중앙정보부 요원이면 신분증과 주소와 주민번호가 적힌 주민등록증을 확인하고 싶다고 한국어로 분명하게 말했다. 그러자 이 군인 복장의 사람이 택시 안으로 몸을 돌려 뭔가를 찾는 듯하더니 갑자기 창문 밖으로 몸을 내밀며 길고 무거우며 끝이 네모난 각목을 내 가슴에 들이밀었다. 나는 피하지 않고 잔뜩 화가 난 표정으로 그의 얼굴을 똑바로 응시했다. 눈을 천천히 아래로 내려보니 막대기 끝은 내 가슴에 거의 닿아 있는 상태였다. 한참 동안 경직된 자세로 서 있었으나 긴장은 다소 완화되는 것을 느꼈다. 나는 다시 신분증을 보여 달라고 요구했다. 그러더니 군인 복장의 사람은 운전자에게 그냥 가자고 크게 소리를 질렀고, 차는 속력을 높여 앞서 가는 버스와 트럭을 따라갔다.

그들이 떠나자 옆에서 이 장면을 목격하고 있던 중년의 여성이 다가와 말을 걸었다.

"그냥 카메라를 주지 그랬어요? 계속 말다툼을 했더라면 다칠 수도 있었어요."

"무슨 일이 일어나고 있는지를 기록하는 게 중요하다고 생각해서 그냥 내줄 수 없었어요."

그 아주머니는 마치 내 어머니가 된 듯한 표정으로 "죽거나 다칠 수 있으니 다음에는 절대 그러지 말라."고 당부했다. 아주머니는 광주에 내 또래의 아들이 있는데 화요일 아침부터 소식이 없다고 말했다. 자신의 아들은 시위에 참여하지 않는 착한 아이지만, 군인들이 시위 참가 여부에 관계없이 아무나 두들겨 패고 잡아간다는 소식 때문에 걱정이 태산이었다. 나는 "괜찮을 테니 너무 걱정하지 마세요."라고 말한 후 가던 길을 계속 갔다.

방금 전의 택시를 또 만날까 걱정되어 큰길을 나와 들판을 가로질러 걷기 시작했다. 이 지역 지리를 잘 알고 있었기 때문에 길을 잃을 염려는 없었다. 사람들이 많이 보이지는 않았다. 작은 마을을 지나면서 농악 춤을 추고 있는 무리를 만났는데, 평소와 다름없는 표정이었다. 외국인을 보고 처음에는 놀라는 듯 했지만, 내가 짧은 한국말로 인사를 하자 서로 어색함이 풀어졌다. 걷는 동안 두세 시간이 흘렀지만, 크게 신경 쓸 일이 발생하지는 않았다.

시 경계에 다가오자 나는 대로로 올라갔다. 군인들은 발견할 수 없었고, 오가는 차량들은 전부 군인들의 만행을 알리기 위해 시민들이 운전하는 트럭과 지프, 그리고 버스가 전부였다. 도로에는 군인들과 맞서 투쟁하려는 시민들의 열망이 충만해 있었다.

광주로 들어오는 대형 군용 트럭이 속도를 줄이더니 내 옆에 섰다. 짐칸에는 흥이 한껏 오른 한 무리의 청년들이 타고 있었다. 운전사가 영어로 "시내까지 가는데 함께 가겠느냐?"라고 물었다. 우리는 서로 궁금해서 몇 분 동안 이야기를 나눴다. 나는 내가 누구인지 설명했다. 그는 전남대학교에서 영어를 가르치고 있는 교수였다. 그는 침착한 어조로 "자신과 짐칸에 탄 사람들은 그의 아이들과 다음 세대를 위해 이렇게 봉기하게 되었다."라고 설명했다. 그와 잠시 이야기를 나누다 보니 광주에서 일어나고 있는 일을 기록하는 역할을 해야겠다는 생각이 들었다. 나는 도보로 시내로 들어가야 할 것 같아 트럭을 태워 주겠다는 제안을 거절했다.

도시 경계 안으로 들어서자 낯익은 모습의 사람이 내 쪽으로 오는 게 보였다. 거리가 가까워지자 나주 보건소의 미스 박이라는 것을 알게 되었다. 이렇게 만나게 되다니 믿을 수가 없었다. 나는 그녀가 광주를 빠져나온다는 사실에 놀랐고, 그녀는 내가 광주로 들어온다는 사실에 놀랐다.

그녀는 지난 며칠 동안 있었던 일들을 설명하기 시작했다. 군인들의 폭력이 더 심해지고 있고, 어제 저녁에는 택시 기사들이 금남로에서 큰 무리를 지어 시위에 참여했다고 말했다. 믿을 수가 없었다. 일반 시민들이 학생들과 함께 하고 있다는 소식을 듣고 많이 놀랐다. 그 당시 한국에서는 일반 시민들은 학생들의 시위에 별로 관심을 두지 않았다. 학창 시절에는 국가의 미래를 위해 열심히 시위에 참여하다가도 졸업하고 취업을 한 후에는 입장이 바뀌게 되는 경우가 많았다. 그런데 이제 가족을 위해 일하기에 바빴던 시민들이 군인들의 잔인한 폭력을 보자 생각이 바뀐 것이다. 이제까지와는 다른 전혀 새로운 현상이었다. 내가 한국에서 지내는 동안 이런 일은 겪어본 적이 없었다.

미스 박은 대학생 오빠와 그의 친구들도 시위에 참여했지만, 아직은 모두 괜찮다고 설명했다. 광주의 위험에서 벗어나고 싶었던 그녀는 나주가 더 안전할 것이라 생각해 걸어서 나주로 가기로 결정했다. 나와 몇 분 동안 이야기를 나누는 동안 그녀는 마음을 고쳐먹고 나와 함께 시내로 향했다. 도심으로 들어가자 시민들 사이에는 열광과 환희가 가득했다. 그들의 얼굴과 행동이 그걸 잘 보여 주고 있었다.

젊은이들이 탄 지프가 시위대를 모집하기 위해 도시를 돌아다니는 장면이 종종 눈에 띄었다. 군데군데 불에 탄 택시와 트럭들이 보였다. 금남로가 가까워지자 젊은이들을 태운 지프들이 줄지어 주차되어 있고, 어느 청년이 일어나 군중에게 연설을 하고 있는 장면이 눈에 들어왔다. 가까이 갔더니 믿을 수 없는 광경이 보였다. 두들겨 맞아 죽은 듯한 20대 초반의 젊은이가 들것 위에 놓여 있었다. 처음 보는 장면이었다. 누가 같은 인간에게 이런 짓을 했을까? 미스 박은 이미 이런 시신을 여럿 봤으며, 군인들이 많은 시신을 치워버렸기 때문에 얼마나 많은 사람이 죽었는지 알 수 없다고 말했다. 미스 박은 이미 이런 시신들을 여럿 목격한 것이다. 나는 나중에 군인들이 살해한 수많은 시신이 군인들의 만행을 알리고 싶어하는 젊은이들에 의해 시내의 여러 지역으로 옮겨졌다는 사실을 알게 되었다.

이곳에 모인 사람들은 외국인이 왜 이곳에 있는지를 궁금해했다. 군중에게 뭔가를 호소하던 청년이 지프에서 내려와 나에게로 다가왔다. 나는 한국어로 인사를 했는데, 그는 "어디에서 온 누구냐?"라고 물었다. 내가 기자가 아니라서 실망한 눈치였는데, 한국어로 소통이 가능하다는 걸 알고 기뻐하는 듯했다. 그는 시신을 가리키며 "이것이 바로 군인들이 광주 시민들에게 한 짓이며, 시민들은 이제 자신들을 향해 총을 쏜 군인에게서 자신을 지켜야 한다."라고 말했다. 그는 내가 증인이 되어 미국 정부와 세계에 광주 시민들에게 무슨 일이 일어나고 있는지 알려주기를 원했다.

그 청년을 시작으로 많은 사람이 내 주위로 모여들었고, 자신들이 보고 듣고 경험한 일들을 설명했다. 그들의 공통점은 '시민들은 불의에 맞서 싸워야 하며 자신들의 신념이 옳다고 믿고 있다.'라는 점이었다. 광주 시민들은 억압과 만행에 맞서기 위한 투쟁으로 일치단결되어 있었다.

우리는 도심 쪽으로 계속 걸어갔다. 금남로에 가까워지자 간혹 총소리가 들렸다. 듣기 좋은 소리는 아니었지만 위협적일 정도는 아니었다. 무슨 일이 일어나고 있는지 더 알고 싶었고, 설마 나에게 총을 쏘겠느냐는 생각을 하고 있었다. 돌이켜 보면 그다지 현명한 생각은 아니었다.

갑자기 헬리콥터 소리가 들리고 뒤이어 총성이 들렸다. 걸음을 멈추고 하늘을 보았는데, 헬리콥터가 시야에 들어왔다. 위장 군복을 입은 군인이 헬리콥터의 열린 문 쪽에서 총을 겨누고 있었다. 그때 고함이 들렸고 거리는 일순간에 텅 비어 버렸다. 미스 박이 나를 붙잡고 가게 문 쪽으로 밀었다. 무슨 일이 있나 싶어 문밖으로 고개를 내밀자 미스 박은 나를 다시 안쪽으로 끌어당겼다. 그녀는 "미쳤어요? 군인들이 금남로의 상공을 날아다니면서 사람들을 향해 총을 쏘고 있어요."라고 말했다. 특히 길거리에 모여 있는 사람들을 겨냥하고 있다고 덧붙였다. 나는 하늘에서 공격을 하면 외국인인 나의 하얀 피부와 푸른 눈이 아무런 보호막도 되지 못한다는 사실을 깨달았다. 주변에 있는 사람들은 모두 겁에 질려 있었다.

헬리콥터가 사라진 후 우리는 다시 시내를 향해 계속 걸어갔다. 금남로 반대편으로 안전하게 이동하기 위해 지하보도를 이용했다. 이곳에서 미스 박과 헤어졌다. 그녀는 오빠 집으로 가야 했고 나는 팀의 집으로 가야 했다. 혼란스러운 가운데 우리는 우연히 두 번 만나고 헤어졌다. 그날이 그녀를 본 마지막이었다. 그 뒤로 미스 박이 어떻게 되었는지 모르지만 그녀와 오빠에게 아무런 일이 없었고 지금까지 건강하게 잘 지내고 있기를 기원한다.

금남로 옆 샛길에 시민들이 모여 있는 것을 보았지만, 나는 팀의 안부가 궁금했기 때문에 그냥 지나쳤다. 그의 집에 도착하자 선재 어머니는 "일 때문에 나갔는데 언제 올지는 모른다."라고 말했다. 나는 시내에 무슨 일이 일어났는지 알고 싶어서 금남로로 발걸음을 옮겼다.

시내로 가는 길에 본 사람들은 대부분 20~30대의 젊은 남성들과 고등학생들이었다. 가는 곳마다 여러 무리의 사람들이 모여 있었고, 무리마다 리더가 있는 것으로 보였다. 외국인으로 금방 눈에 띄었기 때문에 여러 사람이 내게 다가와 상황을 설명하고 밖으로 널리 알려 달라고 당부했다.

사람이 많이 모여 있는 금남로 옆 샛길로 들어갔다. 모인 사람들은 금남로 쪽을 잔뜩 경계하며 선뜻 앞으로 나서려고 하지 않았다. 건물 뒤에서 고개를 내밀어 거리를 살펴보니 네 블록 정도 떨어진 도청 앞에 있는 무장한 군인들과 장갑차를 비롯한 차량들이 눈에 들어왔다. 갑자기 옆에 있던 어떤 사람이 "조심하세요. 얼굴을 내밀면 군인들 총에 죽어요." 하고 말했다.

상황이 대단히 위험하다는 걸 직감했다. 군인들이 총으로 사람들을 죽이려고 하고 있었던 것이다. 군인들이 무차별적으로 발포하는 소리가 들렸다. 군인들이 사람을 향해 조준해서 총을 쏘거나 무차별적으로 발포하는데 도대체 무엇을 노리고 이런 짓을 하는지 알 수가 없었다. 돌이켜 보면 군인들은 시민들이 금남로로 모이지 못하게 저지하다가 시민들이 시야에서 사라지면 일부러 자극해서 시민들의 반응을 유도하려고 했던 것 같다.

군인들의 행동은 시민들을 충분히 자극했고, 내가 많은 시민들이 총을 들고 있는 모습을 본 것도 이 무렵이었다. 시민들이 얼마나 간절하게 무장을 원했는지 그때 비로소 깨달았다. 시민들이 소지한 무기는 군인들이 사용하는 M-16에 비하면 화력이 형편없는 구식 소총이었다. 내가 물어보니, 한국전쟁 때부터 사용하던 M-1 카빈이었다. 무장한 학생들 중 한 명에게 총을 어디서 구했냐고 물었더니 경찰서의 무기고를 급습했다는 대답이 돌아왔다. 나는 나중에 시민들이 광주 인근의 시골로 진출해서 많은 무기와 심지어 폭발물도 탈취했다는 사실을 알게 되었다. 내가 대화를 나눈 사람들은 전부 정당방위를 목적으로 무기를 들었다고 말했다. 그날 오후 군인들에게 무기를 사용하는 시민은 한 사람도 보지 못했다. 시민들은 유혈사태를 원하지 않는다고 말했다. 이런 상황으로 치닫는 것을 원치 않았지만, 군인들의 발포로 시민들이 쓰러지고 있었기 때문에 스스로 방어할 수밖에 없었다. 독재정권이 자신들에게 대항하여 무기를 든 시민들을 그냥 놔두지는 않을 게 뻔했기 때문에 나는 앞으로 벌어질 유혈 사태가 걱정되기 시작했다.

사람들과 이야기를 나눈 후 나는 팀이 돌아왔는지 확인하기 위해 팀의 집으로 돌아가기로 했다. 기차역 근처 대로를 걷다가 팀이 광주에서 활동하는 또 다른 봉사단원인 주디 챔벌린과 함께 가고 있는 것을 보았다. 팀과 나는 서로 만나서 반가웠고 서로에게 괜찮은지 물어보며 이야기를 나누기 시작했다. 팀과 주디도 군인이 많이 모여 있던 북쪽에서 도심 쪽으로 이동하고 있는 중이었다. 이야기하면서 걷다가 팀의 집에 도착했고, 일단 팀의 집에 내 짐을 맡겼다.

짐을 풀고 나서 시내 쪽으로 갔다가 도청에서 다섯 블록 정도 떨어진 골목길에서 금남로로 들어섰다. 20대 후반에서 30대 초반의 남자가 나에게 사진을 찍지 말라고 하면서 화를 냈기 때문에 길가에 모인 군중의 모습을 원거리에서 사진에 담았다. 카메라를 낮추며 왜 사진을 못 찍게 하냐고 물었더니, 그는 정부가 시위대를 추적하기 위해서 신문과 기자들의 사진들을 검사하기 때문이라고 말했다. 부산과 마산에서 열린 시위에서도 이런 사진 때문에 많은 사람이 체포되었다고 설명하던 그는 우리가 기자들이 아니라 평화봉사단원임을 알고 안심했다. 사람은 찍지 않고 대신 금남로 와 도청을 찍고 싶다고 했더니, 그는 건물 모퉁이에서 눈에 띄면 군인들 표적이 되니까 조심하라고 당부했다.

우리는 도청에서 더 가까운 골목길로 옮기기 시작했는데, 그곳에서 한 외국인을 만났다. 그는 〈보스톤 글로브 Boston Globe〉와 〈크리스찬 사이언스 모니터 Christian Science Monitor〉에 기고하고 있는 도날드 커크 Donald Kirk라고 자신을 소개했다. 우리가 목격한 것을 그에게 이야기했다. 그는 우리에게 광주의 여타 지역이나 외곽 지역에서 일어나고 있는 일에 대해서 아느냐고 물었다. 나는 내가 광주에 들어오게 되는 과정을 그에게 설명했는데, 나주로 향하는 버스와 트럭 등에 대해서 설명하자 큰 관심을 보였다.

금남로 주변에는 병원이 여럿 있었다. 그러나 대부분 규모가 작았기 때문에 사람들을 몰려드는 환자들을 제대로 감당할 능력이 없었다. 우리는 주변의 병원에서 부상당한 사람들이 어떻게 치료받고 있는지 살펴보기로 했다. 병원마다 총상을 입거나 대검이나 진압봉 등으로 부상을 당한 환자들로 가득 차 있었다. 부상자들의 상당수가 학생들이 아니라 일을 하는 30대 이상의 남성들이었다. 이러한 사실은 역설적으로 학생을 포함한 모든 계층의 사람들이 군인들의 무자비한 폭력에 맞서고 있음을 보여 주는 증거이기도 했다. 한편으로는 감동적이었지만, 이렇게 무고한 사람이 많이 살해당하고 있다는 사실에, 말로 표현할 수 없을 정도로 슬펐다.

병원의 의료진들은 우리를 보고 놀라는 표정이었지만 환자를 돌보느라 너무 바쁜 탓에 우리가 누군지 무슨 일로 왔는지 확인할 겨를이 없었다. 다들 너무 정신이 없어서 길게 이야기할 수 없었고 대부분의 대화는 부상당한 사람들의 치료에 한정되어 있었다. 의료진에게는 끔찍한 날이었을 것이다. 의사들은 거의 탈진한 상태였다. 환자들의 가족들을 찾고 연락하기에 바빴고, 중상자들을 더 큰 병원으로 이송하려고 여기저기 연락을 취하느라 정신이 없었다. 우리가 방문한 5개의 병원 중 3개에서 각각 1명씩 총 3명의 사망자가 발생했음을 확인했다.

병원을 둘러보고 나오자 해가 지기 시작했다. 이런 상태에서 통행금지가 별 의미는 없었지만, 일단 어두워지기 전에 집에 가는 것이 좋겠다고 생각했다. 우리는 시내에서 15분 정도 거리에 있는 팀의 집으로 걸어갔다.

집에 돌아왔더니 선재의 어머니가 맛있는 저녁을 차려 주셨다. 텔레비전 뉴스를 보는데 광주에서 일어난 폭동과 약탈에 대해서만 집중적으로 보도해서 당황했다. 뉴스는 우리가 보고 들은 것과는 전혀 일치하지 않았다. 분위기가 침울해졌다. 광주 밖에서는 여기서 무슨 일이 일어났는지 전혀 모르는 것일까? 선재와 어머니는 사극이 나오는 방송으로 채널을 바꿔서 분위기를 밝게 해 보려고 노력했지만, 머릿속에는 온갖 잡다한 생각들이 가득해서 방송에 집중할 수 없었다.

아들과 우리들의 안전을 먼저 걱정할 선재 어머니 때문에 우리는 그날 시내에서 일어난 끔찍한 사건에 대해서는 일절 말하지 않았다. 감정을 억제하려고 최대한 노력하면서 우리가 본 것들에 대해서 조용히 이야기하기 위해서 팀의 방으로 자리를 옮겼다. 모든 것이 혼란스럽고 분노가 치밀었기 때문에 도대체 왜 이런 일이 일어났는지 진지하게 논의할 마음의 여유가 없었다. 도청 쪽에서 들려오는 총성 때문에 우리의 대화는 자주 끊겼다.

팀과 주디는 시내로 들어올 때 목격한 장면들을 이야기했다. 그들은 송정리에 있는 공군기지 쪽에서 시내로 들어오면서 대로에 군인들과 장갑차, 탱크들이 줄지어 있는 것을 목격했다. 팀은 군인들이 버스 정류장에 기관총을 설치하고 발포해서 사람이 여럿 죽고 다쳤다는 이야기를 들었다고 말했다. 나는 내 경험담을 이야기했는데, 나주에서 오는 도로에서 차량 시위대와 만난 사건에 대해서는 일부러 이야기하지 않았다. '미국인인 우리는 늘 안전할 것'이라는 믿음이 깨질 게 두려웠기 때문이었다. 나는 내가 겪고 보고 들은 사건들의 편린을 이리저리 꿰맞추어 보면서 사건의 진상을 파악하려고 노력했다. 이 모든 게 다 뭘까? 도대체 무슨 일이 있었던 것일까?

다음 날 아침은 어떻게 될지 몰라 불안했지만, 일단 잠은 자야 했다. 나는 팀과 선재의 방 바닥에 자리를 폈고, 주디는 선재 어머니 방으로 옮겼다. 내가 이 사건에 깊숙하게 빠져들기 직전의 마지막 휴식이었다.

## 7. 잠깐 동안의 해방

### 5월 22일 목요일

나는 꽤 일찍 일어났는데, 선재 어머니는 벌써 시장에서 장을 봐 오신 뒤였다. 어머니는 아래층에 사는 이웃뿐 아니라 시장 사람들에게 군인들이 밤 사이에 후퇴했다는 소식을 들었다. 우리는 아침 식사를 하면서 이 놀라운 일에 대해 이야기했다. 하지만 이 상황이 정말 끝난 것인지는 확신할 수 없었다. 우리는 아침을 먹은 후 시내로 나가 살펴보기로 했다. 선재의 어머니는 우리가 미국인이라 당신의 아들보다는 안전할 것으로 생각은 했지만, 우리에게 조심하라고 당부했다.

광주는 놀랍게도 새로운 아침을 맞이하고 있었다. 드디어 군대가 사라진 것이다. 우리가 만나는 사람들의 얼굴에는 알 수 없는 흥분으로 가득했다. 다들 친절했고, 만날 때마다 인사를 건넸고, 아침은 먹었는지, 어디서 왔는지를 물었다. 사람들은 군대가 철수했다는 소식에 들떠 있었다.

길을 가면서 서로 도우면서 주변을 정리하고 청소하고 있는 여러 연령대의 사람들을 보았다. 사람들은 도로 위에 나뒹구는 벽돌 조각, 신발, 최루탄 파편 등을 쓸어 모으고, 먼지가 일어나지 않게 도로에 물을 뿌리고 있었다. 시내에 가까울수록 불타버린 택시와 버스, 아마도 차량 충돌의 흔적인 듯 골판지처럼 구겨진 금속 덩어리들이 여기저기 널려 있었다.

금남로를 따라 걸어가니 도청 앞 일대가 사람들로 꽉 차있었다. 군대가 점령했던 전날과는 전혀 다른 모습이었다. 도청 앞은 중앙에 큰 분수가 있고 원형 교차로로 이루어져 있는데, 군인들이 물러난 지금은 인파로 꽉 들어차 있었다. 모인 사람들을 대부분 중·장년층의 남성들이었지만, 대학생 연령의 젊은 여성들도 제법 많았다. 교복 차림의 고등학생들도 눈에 띄었다. 광장은 인파를 헤치고 지나가기 힘들 정도로 많은 사람으로 붐볐다. 도청 정문 앞으로 갈수록 사람들은 더욱 많이 모여 있었다. 도청 입구는 무장한 젊은이들이 지키고 있었는데, 그들 중 일부는 진압 경찰의 헬멧을 쓰고 있었다. 통행증이 있는 사람만 출입이 허락되는 것 같았다.

우리와 마찬가지로 많은 사람들은 지금의 상황을 누가 통제하고 있고, 누가 죽었고, 시신은 어디에 있고, 군인들은 언제 다시 쳐들어 올지를 알고 싶어했다. 우리가 누군지 궁금해하는 사람들도 많았는데, 우리가 한국어를 하는 것을 알게 되자 여기저기서 말을 건네기 시작했다. 사람들은 지금 일어나고 있는 일을 외부로 알리고 싶어했다. 그들과 이야기를 나누면서 우리는 도청과 시청 관계자들은 이미 떠나버렸고, 주로 원로 시민들과 종교 지도자들로 구성된 시민수습위원회가 구성되어 군인들과 협상에 나섰다는 사실을 알게 되었다. 군인들이 도시 외곽에 바리케이트를 설치해 시내 진입을 어렵게 만들었다는 것도 알게 되었다. 시민수습위원회는 우선 사람들을 모아 도시를 청소하기 시작했다. 깨진 유리창과 파편들을 치우고 불에 탄 트럭, 버스, 택시 등을 도로 밖으로 끌어냈다.

이러한 소란 속에서 한국어를 모르고 통역도 없는 두 명의 외국 기자가 다가왔다. 영국과 덴마크에서 온 기자였다. 우리가 한국어를 할 줄 알고 이 도시 사정에 제법 익숙하다는 걸 눈치챈 그들은 취재를 위해 통역을 해 줄 수 있는지 물었다. 팀은 이 기자들을 광주 기독병원과 전남대병원으로 데려가는 것이 좋을 것이라고 판단했다. 아직까지 죽고 다친 사람이 얼마나 되는지 모르는 상태였기 때문에 병원에 가면 이와 관련된 정보를 얻을 수 있을 것이고, 기독병원에서 선교사나 영어가 가능한 의사들을 만나면 기자들도 직접 취재가 가능할 수 있었다.

우선 이들과 함께 기독병원으로 갔다. 응급실과 입원실이 꽉 차 환자들이 복도에까지 누워 있었다. 영안실도 마찬가지였고, 많은 사람이 가족들을 찾기 위해 여기저기 돌아다니고 있었다.

어제 저녁과 마찬가지로 군인들이 쏜 총에 맞았거나 총검 또는 둔기 등에 맞아 외상을 입은 사람들이 대부분이었다. 부상자들의 상처들을 살펴보니 군인들이 동족에게 어떻게 이런 짓을 할 수 있을까 하는 생각이 들었다. 믿을 수 없는 일이었다. 이런 부상은 가끔 영화나 베트남 전쟁에 관련된 뉴스에서만 보았기 때문에 눈앞에 전개되고 있는 광경은 마치 공포영화처럼 비현실적이었다.

의사들에게 지난 24시간 동안 얼마나 많은 부상자가 응급실에 왔는지를 물었다. 그날 아침에는 마침 응급 환자가 내원하지 않았기 때문에 잠시 의사들과 이야기를 나눌 시간이 있었다. 의료진들은 우리가 한국어를 할 줄 알고 외신 기자들이 함께하고 있다는 사실을 알게 되자 먼저 다가와 자신들이 알고 있는 정보를 공유하고 싶어했다. 의사들은 시민들의 부상 상태 등에 대해서 이야기하면서 엑스레이 사진도 보여 주었다.

우리가 본 엑스레이 사진 중 하나는 헬리콥터에서 총에 맞은 것으로 의심되는 어느 젊은이의 것이었다. 총알이 왼쪽 어깨를 관통하여 아래쪽으로 이동하여 청년의 오른쪽 엉덩이 바로 위에서 빠져나갔다는 것을 알 수 있었다. 의사들은 또한 몇몇 부상자가 보통 탄환이 아닌 특수 제작된 탄환에 맞았다는 증거라면서 또 다른 엑스레이 사진을 보여 주었다. 의사들은 '정상적인' 총알로 어떤 상처가 생기는지 잘 알고 있었다. 그러나 우리에게 보여 준 엑스레이는 총알 사입구가 깨끗하지 못하고, 총알이 충돌에 의해 내부에서 납작해지고 파편으로 부셔져 있었다. 이 총알은 인체에 심각한 피해를 주기 위해 특수 제작된 연성탄 Soft Bullets이었다. 이 총알은 20세기 초 헤이그 협약 이후 전쟁에서 사용하는 것이 금지되었지만, 여전히 국내 치안용으로 사용되고 있었다. 당시 군대는 국제법상 적을 향해서도 사용해서는 안 되는 총알을 사용한 것이다.

의사들만 대화를 열망하는 것이 아니었다. 가는 곳마다 만난 사람들은 우리와 같은 외국인과 이야기하기를 원했다. 자신들의 상황이 외부 세계에 알려지기를 바랐기 때문이다. 병원을 찾는 사람들도 역시 매우 협조적이었고 기자들에게 적극적으로 정보를 제공했다. 자식을 찾아 헤매거나 사랑하는 사람의 시신 앞에서 통곡하는 사람들조차도 이야기를 나누고 싶어했다.

그중 희생자의 부모가 우리에게 해 준 이야기는 더 큰 충격을 안겨 주었다. 그 희생자의 아버지는 눈물을 참으려 애쓰다가 결국 통곡을 하면서도 자기 자식이 어떻게 죽었는지를 이야기했다. 어떤 사람은 자기 아들은 시위에 나선 것도 아니고 직장을 가려고 집을 나서다가 이유 없이 공격을 당해 죽었다고 말하기도 했다. 부모들은 자식들이 왜 이렇게 아무 이유 없이 비참하게 죽었는지 이해할 수 없었다. 어떤 사람은 사랑하는 자식이 군인들에 의해 버스에서 끌려 나와 두들겨 맞고 의식을 잃은 상태로 버려져 있다가 결국 죽었다고 말했다. 공수부대원들은 왜 그렇게 잔인한 짓을 저질렀을까? 시위를 중단하고 학업에 복귀할 준비를 하고 있는 학생에게 이렇게 잔인한 폭력을 자행하다니! 희생자의 가족들은 정부를 향해 분노를 쏟아냈고, 자기 자식을 죽인 군인들에게 끝까지 맞서겠다고 말했다.

우리는 전남대병원으로 자리를 옮겼다. 이곳에는 더 많은 부상자와 사망자가 있었다. 영안실은 이미 꽉 차 시신의 대부분은 건물 밖 공터에 짚으로 만든 돗자리 위에 누워 있었다. 우리가 세어 본 시신만 해도 27구에 달했다. 일부는 이미 신원이 확인되어 가족들이 찾아왔지만, 일부 시신은 그대로 방치되어 있었다.

주변 사람들은 내가 기자들과 함께 있었기 때문인지 나를 기자라고 생각했다. 대화를 나누다 사람들이 한국의 언론을 극도로 불신하고 있고 외국 언론 또는 우리와 같은 외국인들이 진실을 알려 주기를 원하고 있다는 사실을 알게 되었다. 사람들은 한국의 언론이 광주에서 일어나고 있는 일에 대한 진실을 말하지 않는다는 사실에 매우 분노했다. 시내에 있는 두 개의 텔레비전 방송국이 불에 탄 이유이기도 했다. 나는 영안실에서 일어나고 있는 일을 기록하기로 결정했다. 나주에서 광주로 들어오던 날의 기억도 있었기 때문에 사진을 찍기 전에 허락을 구했다.

영안실에서 들리는 건 사랑하는 가족을 잃은 울음소리뿐이었다. 사람들은 늘어선 시신 사이를 돌아다니며 연락이 닿지 않은 아들·딸들을

잠깐 동안의 해방

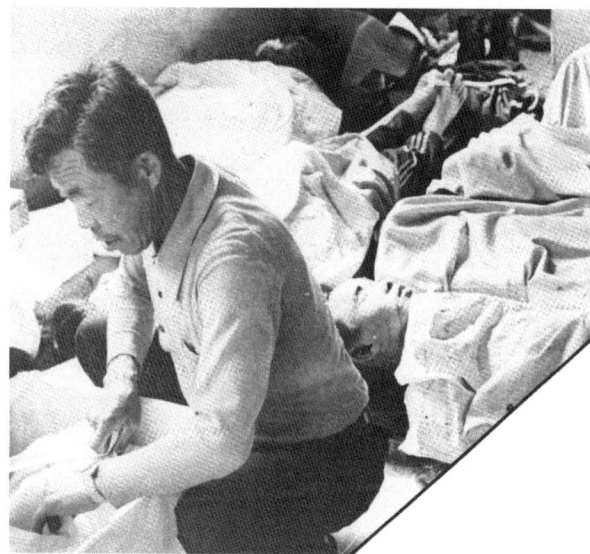

한 남자가 전남대병원
시신 안치소에서
시신을 수습하고 있다.

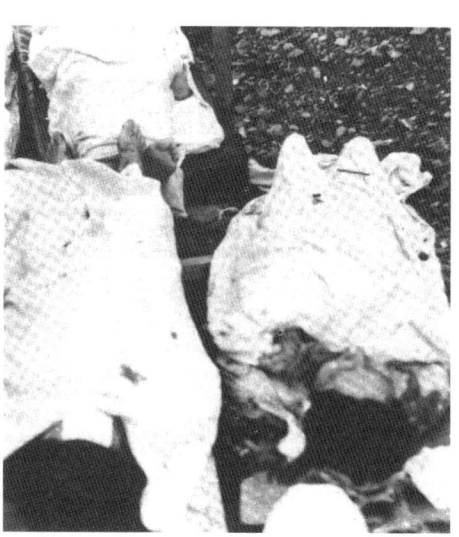

전남대병원 시신 안치소
밖에 놓인 시신들

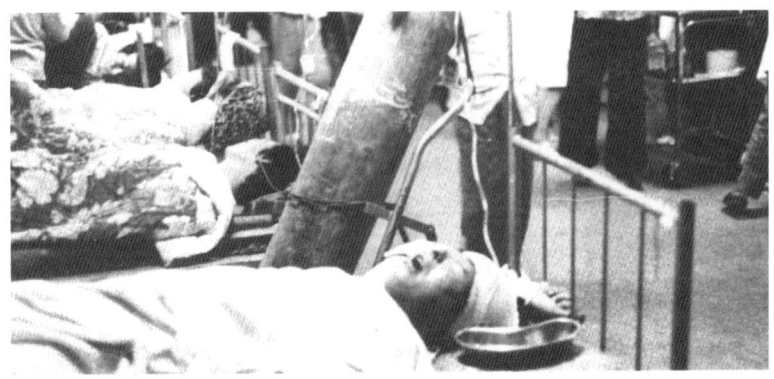
항쟁의 첫 나흘 동안 부상자들이 넘쳤고, 부상자들이 전남대 병원에 임시로 마련된 병상에도 누워 있었다.

확인하고 있었다. 사랑하는 사람들을 찾아 헤매는 사람들의 절망적인 모습과 시신을 싼 천을 젖히면서 얼굴을 확인하고 다니는 모습을 보는 것은 정말 힘들었다.

　무엇보다 가슴이 아팠던 것은 죽어 있는 자기 자식을 발견한 부모들의 고통스러운 비명 소리였다. 부모들은 아들의 시신을 부여잡고 울면서 "어떻게 나보다 먼저 갈 수 있느냐?"라며 울부짖었다. 그 울부짖음 속에는 자식을 지키지 못한 자신을 원망하며 먼저 간 자식에게 더 잘해주지 못한 것에 대한 후회가 절절하게 담겨 있었다. 이런 장면을 보는 내 영혼은 뼈 속까지 찢어지는 듯 했다.

　기자들은 영안실 사진을 찍은 후 떠났다. 팀과 주디 그리고 나는 병원을 나와 불타버린 MBC 사옥 옆을 걸었다. MBC 방송이 광주에서 일어난 일을 허위로 보도를 했기 때문에 이틀 전에 시위대들이 불태웠다는 말을 들었다. 그리 멀지 않은 곳에 있던 세무서도 비슷한 시간대에 불탔다. 광주 사람들은 정부가 자신들이 낸 세금을 자신들을 죽이는 데 사용하고 있다고 분노한 것이다.

　MBC 방송국 근처 도로의 한가운데는 사진들을 나무판에 붙여 전시해놓은 공간이 있었다. 컬러와 흑백 사진이 섞인 사진에는 공수부대원에게 살해된 시신들의 모습이 담겨 있었고 그 사진 옆에서 젊은 학생이 사진에 대해 설명하고 있었다. 사진들이 너무나 끔찍해 사실이라고 믿기 힘들었다. 처음에는 저것이 정말 사람의 모습인지 의심할 정도였다. 얼굴이 일그러져 있어 신원을 식별하기 힘든 사진들도 있었다. 배가 갈라진 여성의 사진도 있었다. 그 학생은 공수부대원이 임신 중인 여성을 죽인 후 배를 가르고 태아를 꺼냈다고 주장했다. 가슴이 잘린 듯한 젊은 여성의 사진도 있었다. 이 잔혹한 이미지는 지금까지 나는 내 머릿속에 또렷하게 남아 있다. 어떻게 인간이 인간에게 이런 짓을 할 수 있는지 도무지 이해할 수 없었다.

　우리는 사태를 더 자세하게 파악하기 위해 도시를 계속 돌아다녔다. 혹시 식료품은 부족하지 않은지 확인하기 위해 시장을 들렀는데, 그렇지는 않았다. 대부분의 포장마차들도 여전히 영업을 하고 있었다. 우리는 점심을 먹기 위해 팀의 집으로 향했다.

　팀은 서울의 평화봉사단 본부와 미국 대사관에 광주에서 일어나고 있는 일을 알리자고 제안했다. 우리는 동의했다. 미국 대사관도 이 사태를 우려하고 있으며 현지에서 올라오는 직접적인 정보를 듣고 싶어할 것이라고 생각했다. 우리는 MBC 건물에서 길을 따라 내려가다가 공중전화 부스로 들어갔다.

　팀이 전화를 걸었다. 무슨 내용인지 한참 통화를 하던 팀이 잠시 멈추더니 "폭도들이 안전을 해칠 우려가 있기 때문에 즉시 광주를 떠나야 한다."라는 통화 내용을 전했다. 우리는 이 도시를 떠날 생각이 없었다.

그리고 떠나야 할 이유도 없었다. 우리는 신속하게 우리 입장을 전했고, 팀은 통화를 계속하면서 당신들은 광주의 사정을 잘못 이해하고 있으며, 시민들보다 군인들이 더 위험한 존재라고 주지시켰다. 우리는 도시를 떠날 이유가 없으며, 동료들의 안전을 확인하기 위해서라도 계속 남아 있고 싶다고 말했다.

미국 대사관과 평화봉사단 관계자들은 시내에 들어가지 말고 미국 문화원 원장 관사로 가라고 지시했다. 관사로 가면 직원이 안전한 곳으로 안내해 줄 것이며, 서울로 연결된 보안 전화를 사용할 수 있다는 것이었다. 팀의 안내로 관사에 찾아갔으나, 집을 지키는 사람은 없었고 문도 잠겨 있었다. 서울로 연결되는 보안 전화를 쓸 수 있다는 말을 들었기 때문에 그 집으로 들어가 보려고 노력했지만, 결국 실패했다. 우리는 서울로 다시 전화를 걸기 위해 공중전화 부스로 돌아왔다.

길을 걸으면서 우리는 우리의 행동이 과연 평화봉사단 서약을 위반한 것인지에 대해 논의했다. 최종적으로 위반한 것은 아니라는 결론에 도달했다. 왜냐하면 우리의 행동은 정치와 아무런 관계가 없고 단지 우리 동료들과 광주의 시민들에 대한 걱정에서 비롯되었기 때문이다. 최소한 이런 광경을 목격하고도 모르는 체하는 것은 도덕적으로 잘못된 것이었다. 우리는 이곳에 남아 증인이 되어야 하며, 광주에서 일어나고 있는 일에 대한 기록을 남길 필요가 있었다. 당시 나는 미국 정부가 사실을 알게 되면 이 사태를 수습하기 위해 노력할 것이라고 생각했다. 우리는 평화봉사단 사무실과 미국 대사관에 대해서는 행동을 통일해 대응하자고 결정했다. 서울로 다시 전화를 하자 서울에서는 지금 당장 광주를 떠날 것을 강력하게 요구했다. 우리는 전화기를 번갈아 받으면서 그렇게 할 수 없다고 대답했다.

우리는 도청으로 돌아왔다. 집회가 있을 예정이라는 소식을 들었기 때문이다. 도청 앞 로터리는 수천 명의 사람으로 북적거렸다. 스피커가 설치되고, 다양한 계층의 사람들이 광장 중심에 있는 분수대로 올라와 연설을 했다. 사람들은 마이크를 잡고 자신을 소개한 후 자신들이 겪고 본 모습을 증언하고, 분노하고, 좌절했다. 연설이 끝나고 사망한 사람들에 대한 추도식에 이어 15개의 관이 광장으로 옮겨졌다.

집회가 진행되는 동안 한 남성이 분수대 쪽으로 호송되었는데, 군중 속으로 끌려가면서 사람들이 그에게 침을 뱉고 야유를 보냈지만, 호송하는 젊은이들이 그렇게 하지 못하도록 막았다. 주변 사람에게 물어보니 그는 간첩으로 의심되어 시민수습위원회에 의해 체포된 사람으로, 군 당국에 곧 인계될 예정이라고 했다.

도청 앞에서 열린 오후궐기대회. 많은 시민들이 참석했다.

곧이어 시민수습위원회의 지도자들이 단상으로 올라와 자신들을 소개했다. 그런 다음 그날 오후 군과의 협상 과정에서 제시한 시민수습위원회와 군 당국의 요구안을 설명했다. 군 당국의 요구안 중 하나는 시민들이 탈취한 무기의 회수였다. 이 요구안은 많은 논쟁을 야기했다. 15명으로 구성된 시민수습위원회는 대부분 변호사, 성직자, 교수, 사업가들이었는데, 무기는 조속히 회수되어 반납되어야 한다는 입장이었다. 반면, 학생들과 노동자들은 이 안에 반대하면서 군인들이 더 이상 도시를 장악하지 않도록 무장과 지속적인 항쟁을 계속해야 한다고 주장했다. 이후에도 오랜 시간 동안 군 당국의 요구에 어떻게 대응할 것인지를 놓고 집단들 간의 의견이 더욱 날카롭게 대립했다.

결국 물리적 충돌이 벌어졌다. 우리는 군중의 가장 바깥쪽에 있었는데, 소음 때문에 상황을 제대로 파악하지 못했다. 나중에 알게 된 사실에 따르면, 물리적인 충돌이 빚어진 이유는 군 당국의 요구에 대한 통일된 입장이 정리되기도 전에 일부 시민수습위원회의 위원들이 마치 합의에 이른 것처럼 행동했기 때문이었다. 젊은이들은 시민수습위원회의 위원들이 군의 요구 사항을 전부 수용하려는 태도를 보이자 강력하게 반발하였다. 군 당국에 굴욕적인 자세를 보이는 위원들에게 야유를 보내면서 공수부대들의 만행을 이대로 두고 볼 수 없다고 주장했다. 어떤 학생이 차라리 학생수습위원회를 따로 조직하자고 제안했고, 학생 지도자들은 이 문제를 논의하기 위해 자리를 다른 곳으로 옮겼다.

집회가 거의 끝나갈 무렵, 우리 뒤에 있던 한 청년이 한국어로 우리에게 인사를 해서 그와 이야기를 나누기 시작했다. 그의 나이는 17살이었고, 중학교도 마치지 못했으며 넝마주이와 같은 밑바닥 일을 하며 살고 있었다. 우리가 미국인이었기 때문에 그랬는지는 모르겠지만, 그는 군인들이 시위대에게 사용했던 CS 가스 수류탄통을 보여 주었다. 수류탄통의 겉면에는 'Made in USA'라는 문구가 적혀 있었다. 그는 수많은 사람이 이 수류탄에 머리를 맞았으며, 죽기도 했다고 말했다.

집회가 끝난 후에도 우리들은 위원회의 협상이 어떻게 되었는지를 알아보기 위해 광장에 더 머물렀다. 그리고 팀의 집에서 저녁을 먹은 후 체포를 피해 숨어 지내고 있는 팀의 친구를 만나기 위해 길을 나섰다. 그는 시인이면서 반체제 인사였는데, 5월 17일 밤의 체포자 명단에 올랐지만, 운 좋게도 체포를 피할 수 있었다. 그를 만나기 위해 우리는 매우 조심스럽게 움직였고, 혹시 누가 미행은 하지 않을까 계속 확인해야만 했다. 그는 당장은 안전하지만 앞 일이 어떻게 될지 몰라 광주를 떠날 계획을 하고 있었다. 그에게 칫솔, 치약 등의 세면도구와 간식거리를 전달한 후 그가 아직 괜찮다는 것을 확인한 다음 15분 후쯤에 헤어졌다.

팀의 집으로 돌아온 지 얼마 되지 않아 나주에서 근무하고 있던 동료 봉사단원인 폴 코트라이트가 들어오는 것을 보고 깜짝 놀랐다. 평화봉사단원들이 팀의 집을 방문한다는 것은 사실 놀라운 일은 아니었다. 팀은 광주에 오랫동안 거주했고, 사정을 환하게 알고 있을 뿐만 아니라 매우 관대하고 자유분방한 인물이었기 때문에 평화봉사단원이라면 누구나 팀의 집을 알고 있었다. 폴은 자전거를 이용해 군인들이 지키고 있는 외곽의 봉쇄 지역을 뚫고 왔다고 말했다. 우리는 지난 며칠간 겪었던 일에 대한 이야기를 나눈 후 잠자리에 들었다. 그날 밤의 광주는 도시 외곽에서 간간히 들려오는 총성과 이상하고 섬뜩한 정적만이 가득했다.

## 8. 우리가 무엇을 할 수 있을까?

### 5월 23일 금요일

아침에 일어나 아침을 먹었으나 밥맛이 없었다. 선재 어머니가 즐겨 타 주시던 인스턴트 커피가 마시고 싶었다. 나는 여전히 지난 며칠간의 사건 전개 과정을 추적하기 위해 노력하고 있었다. 밖에 무슨 일이 벌어지고 있는지 궁금했고, 통역이 필요한 외신기자들을 돕고 싶었다. 폴을 포함한 우리 넷은 도청으로 가기로 했다.

도청으로 가는데 사람들이 다시 나와서 거리를 청소하고 있었다. 우리가 도청에 도착했을 때, 전날 집회에서 무기를 반납해야 한다는 요구가 효과가 있었음을 확인했다. 군 당국의 무기 반납 요구에 대해서 찬성과 반대의 의견이 엇갈렸지만, 많은 사람이 요구에 따르기로 한 것으로 보였다. 시민들은 무기를 반납하기 위해 도청으로 모여들었고, 도시를 순찰하는 사람들이 무기를 회수하여 지프차에 싣고 오면서 도청 입구에 쌓인 총기 더미는 점점 커졌다.

이날 여성들이 도청을 지키거나 거리를 순찰하는 시위대에게 주먹밥을 나누어 주는 장면을 처음 보았다. 주먹밥은 바구니에 담아오기도 했고, 수레와 지프차로 운반되어 오기도 했다. 이런 식으로 사람들이 서로 나누는 장면을 보는 것은 흔한 일이 되었다. 도시를 지키기 위해서 나선 사람들을 위해 시민들이 함께 준비한 음식이었지만, 거리로 나온 다른 시민들도 너나 할 것 없이 음식을 서로 나누어 먹었다. 시민들은 우리에게도 주먹밥을 권했다. 그들은 예의 바르고, 상냥했고, 희열에 차 있었다. 나이든 여성분들은 우리를 마치 아들 대하듯 했다.

도청에 도착하고 얼마 후, 폴은 광주를 떠나야만 했다. 전날 밤 그는 다음 주에 대만에 가야 하기 때문에 수일 내로 서울로 가야 한다고 말했다. 우리는 폴의 행운을 빌었고, 폴은 자전거를 가지러 팀의 집으로 돌아갔다.

오전임에도 불구하고 도청 앞에는 많은 사람이 모여 있었다. 분위기는 의외로 조용했다. 사람들은 사태 소식을 궁금해했다. 주변에 알아본 결과, 이미 결성된 시민수습위원회와 새롭게 결성된 학생수습위원회가 전날 밤에 격렬한 논쟁을 벌였다고 했다. 젊은이들은 군 당국을 믿지 못하고 있었다.

팀과 주디 그리고 나는 도청 정문 앞에서 사태의 추이를 알아보기로 했다. 별로 오래되지 않아서 일단의 기자들이 모여들었고 사진을 찍기 시작했는데, 시민들은 한국인과 용모가 비슷한 일본인 기자들에게는 서양에서 온 기자들과는 다른 반응을 보였다. 사람들은 정부 측에서 신원 확인을 위한 사진을 찍고 있기 때문에 얼굴을 가리라고 소리치기 시작했다. 시민들은 일본인 기자에게 의심의 눈초리를 보내기는 했으나 광주 상황을 제대로 전하지 않는다며 많은 비난을 받게 된 한국인 기자들에 비해서는 훨씬 우호적이었다.

　별다른 소식이 없자 우리는 전남대병원을 다시 방문해서 얼마나 많은 부상자들이 후송되어 왔는지 확인하기로 했다. 상황은 전날과 비슷했다. 복도까지 환자로 가득했고, 의사들은 환자를 더 받을 여력이 없다고 말했다. 우리가 응급실에 있는 동안, 팀은 상대적으로 가벼운 부상으로 치료를 받고 있는 몇몇 친구를 만났다. 그중에 청각 장애인이 있었는데, 팀이 수화를 사용해서 대화하는 모습을 보고 놀랐다. 팀에게 대단하다고 말했더니 조금밖에 할 줄 모른다고 겸손하게 대답했다.

　팀의 집에서 간단하게 점심을 먹은 다음 우리는 오후 집회를 보기 위해서 다시 도청 앞으로 갔다. 집회에 와야 협상 과정에 대한 소식을 들을 수 있었고, 광주의 상황은 훨씬 안정되었기 때문에 도청 앞과 시내 쪽으로 어제보다 훨씬 많은 사람이 모여들었다. 도청 쪽으로 연결되는 도로는 외곽 쪽에서부터 사람들로 꽉 들어차서 규모를 가늠하기가 쉽지 않았다. 전날보다 크게 늘어난 것은 확실했고, 전날과 마찬가지로 집회는 애국가 제창으로 시작되었다. 시민들이 도시를 통제한 이후부터는 그 전에 트럭과 버스에 탄 젊은이들이 전두환의 퇴진과 김대중의 석방을 외치면서 불렀던 노래들은 별로 들리지 않았다.

　시민수습위원회 위원들은 군 당국과의 협상이 어떻게 진행되고 있으며 군 당국의 요구 사항은 무엇인지를 설명했는데, 이러한 요구 사항이 초반에 비해서 조금씩 달라지고 있는 것 같았다. 요구 사항의 핵심은 역시 위원회와 청년들 간에 입장이 첨예하게 대립된 무기 회수에 관한 것이었다. 여기에 대한 논쟁은 위원회 내부뿐만 아니라 집회에 참석한 군중 사이에서도 격렬하게 벌어졌다. 우리의 판단으로는 모든 사람이 군 당국과의 협상이 원만히 진행되어 사태가 평화적으로 끝나기를 바라고 있는 듯했다.

그날 집회에서 우리는 〈AP 통신〉의 테리 앤더슨Terry Anderson과 〈타임〉지의 사진 기자인 로빈 모이어Robin Moyer를 만났다. 지난 며칠간 우리가 목격한 내용을 중심으로 이야기를 나누었는데, 그들은 자신들이 머물고 있는 여관으로 우리를 초대해서 더 자세하게 듣고 싶어했다. 그날 저녁에 찾아가겠다고 약속하고 집회가 끝나자 저녁을 먹기 위해 팀의 집으로 돌아갔다.

저녁을 먹고 있는데, 폴이 돌아와서 깜짝 놀랐다. 시의 외곽을 차단하고 있는 군인들을 만나서 더 가지 못하고 돌아온 것이다. 자신은 평화봉사단원이며 근무지인 나주로 돌아가는 중이라고 밝혔는데도 군인들은 통과를 허락하지 않았다는 설명이었다. 기자들이 이미 그 차단선을 넘어서 광주로 들어왔다는 사실을 알고 있는 우리는 폴의 설명을 듣고 의아해했다. 폴은 서울로 향하는 북쪽도 아니고, 서남쪽인 나주로 향하고 있었는데도 갈 수 없었다는 것이다. 미국인이며 평화봉사단 신분인 우리들은 이제까지 한국인들에 비해 훨씬 많은 자유가 허락되었는데, 군인들이 통과를 허락하지 않았다는 것은 아주 비정상적인 상황이었다. 아마도 한국어를 할 줄 아는 평화봉사단원들이 광주의 소식을 다른 곳으로 전하지 못하도록 취한 조치는 아닐까 생각되었다.

저녁을 먹은 후 우리는 기자들을 만나기 위해 길을 나섰다. 기자들은 도청 근처의 여관에 머물고 있었기 때문에 걸어서 갔으며, 기자들과 이야기를 나누기 위해 머물고 있는 방으로 올라갔다. 기자들 방의 창문을 통해 도청 건물의 측면과 뒷면이 들어왔다. 한국식 여관이었기 때문에 우리는 방바닥에 앉았다. 광주 사정을 가장 잘 알고 있는 팀이 주로 이야기를 했고, 필요할 경우 내가 부가적으로 설명을 했다.

우리가 보고 들은 사건들에 대한 이야기를 듣거나 자신들끼리 현재 벌어지고 있는 일에 대해 논의할 때 외국 기자들이 보인 무미건조한 태도에 우리는 적지 않게 놀랐다. 시신 안치소에 시신들이 꽉 들어차 있었고 이미 잔인한 장면들을 보는 데 익숙해서 그럴 것이라고 이해하려고 했지만, 내 생각에 기자들은 사건의 본질을 깊게 이해하려는 것보다는 자신들의 경력에 도움이 되는 특종을 발굴하는 데 더 많은 관심을 기울이는 것으로 보였다. 미국 기자들은 자국의 독자들을 위해 기사를 쓰고 있었다. 그들은 군인들의 만행을 잘 알고 있음에도 불구하고 미국 중심적 시각에서 미국의 독자가 관심을 둘만한 소재만 찾고 있었다. 미국인이 아닌 사람들이 이렇게 잔인하게 살해당한 사건이 미국 독자들에게는 크게 호소하지 못한다고 생각하고 있는 듯했다.

　기자들과 대화가 끝나자 수습대책위원회의 대변인 격인 젊은 학생이 다가와서 자신들의 발언을 기자들에게 통역해 줄 수 있겠느냐고 물었다. 팀이 대부분의 통역을 맡았고, 필요할 경우 내가 나서서 거들었다. 나아가 그는 기자들에게 여기서 일어나고 있는 상황을 사실대로 보도해 주고 미국 대사관과 미국 정부에 광주 상황의 진실을 전달해 달라고 요청했다. 그는 외신기자가 미국 정부의 개입을 촉구하고 더 이상의 유혈 사태를 막을 수 있는 유일한 통로라고 보고 있는 듯했다. 기자들은 여기서 무슨 일이 일어나고 있는가를 보도하는 게 그들이 할 수 있는 전부라고 대답했다. 수습위원회의 요청은 사건의 객관적인 관찰자로서 자신들의 역할 범위를 벗어나는 일이기 때문에 수용할 수 없다는 의견이었다. 이 대답을 들은 학생은 당황한 표정을 하며 자리를 떴다. 외신기자들에 기댄 희망이 무너진 것이다.

　대변인이 떠난 후에도 우리는 기자들과 대화를 계속했는데, 기자들은 미국 대사관과 직접 접촉해 주기를 원하는 시민들의 요청에 받아들일 수 없음을 분명히 했다. 기자들은 또한 현재 시민들 간에 내분이 일어나고 있고, 군 당국과는 제대로 합의되지 않았기 때문에 군인들은 결국 시내로 다시 진입하게 될 것이라고 판단했다.

우리는 기자들과의 대화를 마무리하고 자리를 뜨기로 했는데, 이미 9시가 지나서 통행 금지가 시작되었다는 것을 알게 되었다. 기자들이 자신들이 머물고 있는 여관에 방을 잡아 줄테니 자고 가라고 해서 반갑게 받아들였다. 팀과 폴 그리고 나는 한 방에서 자고 주디는 다른 방에서 잤다. 이런저런 걱정으로 잠을 제대로 이루지 못하고 한참을 뒤척이다가 불이 꺼지자 결국 잠이 들었다.

## 9. 도청에서 보낸 밤

### 5월 24일 토요일

다음 날 아침, 팀은 하숙집으로 돌아가야 했다. 나도 팀을 따라 나서서 팀의 집에서 간단한 아침을 먹었다. 오전 10시경 도청으로 돌아왔는데, 전날과 마찬가지로 분수대 근처 광장에는 많은 사람이 모여 있었다. 많은 사람이 새로운 소식을 듣기 위해 또는 서로 도울 일은 없는지 알아보기 위해 여기저기 돌아다니고 있었다.

주디와 폴은 테리 앤더슨, 로빈 모이어 그리고 독일의 기자이자 카메라맨인 위르겐 힌츠페터Jürgen Hinzpeter 등과 이야기를 나누고 있었다. 우리가 도청 정문을 향해 걸어가고 있을 때 힌츠페터와 그의 조수가 따라왔다. 무장한 학생들과 청년들이 정문을 지키고 있었는데, 그중 한 명이 우리에게 통행증이 있느냐고 물었다. 통행증이 없는 우리는 기자와 동행하여 통역을 담당하고 있다는 사실을 확인받은 후에야 도청에 들어갈 수 있었다. 도청 안에는 회수된 무기가 쌓여 있었는데, 전날에 비해 크게 달라진 것 같지 않았다.

우리 네 사람은 각자 흩어져 기자를 도와 통역을 했다. 어떤 청년은 "왜 이 무장항쟁에 참여했느냐?"라는 기자의 질문에 "군인들이 시민들을 향해 무차별적으로 행사하는 폭력 장면을 보고 도저히 참을 수 없을 수 없었다."라고 대답하면서 "비폭력적으로 대항하다가는 자신도 죽을 수 있기 때문에 자신을 지키기 위해서 무기를 들었다."라고 덧붙였다.

우리는 2층 회의실로 자리를 옮겨 수습위원회의 관계자들과 대화를 나눴다. 그러나 수습위원회가 내분을 겪고 있었기 때문에 공식적인 입장을 파악하기가 매우 어려웠다. 모두 사태의 평화적 해결을 원하고 있었지만, 이러한 목적을 달성하는 방법에 있어서는 의견이 엇갈렸다. 초기에 위원회를 이끈 지역의 원로들은 혼란이 빨리 수습되고 정상으로 돌아가기를 원했다. 그러나 군 당국의 요구에 부응하기 위해 사태 수습을 서두른 탓에 수습위원회가 대표해야 할 시민들의 다양한 의견을 제대로 경청하지 못한 한계를 드러낸 듯했다. 나중에 수습위원회에 합류한 청년들과 학생들은 어떠한 희생을 치루더라도 타협하지 않으려는 입장을 고수했다. 그들은 잡혀 간 시민들의 즉각적인 석방을 요구했고, 군 당국과 정부가 자신들의 잘못을 인정하고 만행에 대해 사과하기를 원했다. 양측은 자신들의 입장에서 물러설 의사가 전혀 없어 보였다.

우리는 기자들과 함께 도청을 나왔다. 위르겐 힌츠페터를 비롯한 몇몇 기자와 더 이야기를 나누다가 우리가 이 항쟁 과정을 자세하게 목격했다는 사실을 알게 된 힌츠페터는 우리 중 한 사람과 인터뷰가 가능한지 물었다. 항쟁 과정을 소상하게 목격한 팀이 인터뷰에 응했다. 그러나 정치에 관여하면 안 되는 평화봉사단원이 외신과 인터뷰를 하게 되면 오해의 소지가 있을 수도 있었다. 결국 팀의 신원을 비정부기구에서 일하는 사람으로 처리하는 것으로 결정했다.

힌츠페터는 인터뷰 촬영을 하기에 적합한 높은 빌딩의 옥상을 찾고 있었는데, 팀이 전남대병원 옥상을 제안했다. 병원의 의사와 환자들과도 인터뷰해야 하는 다른 기자들도 적극 찬성하였다. 폴, 주디, 나와 팀이 힌츠페터와 그의 조수가 함께 병원 옥상으로 올라가 인터뷰를 준비했다. 나중에 이 인터뷰가 독일에서 방송되었을 때 팀은 국제사면기구에서 일하는 활동가로 소개되었다.

주디는 인터뷰 현장에 남기로 했고, 나와 폴은 아래층으로 내려와 다른 기자들의 인터뷰를 돕기 위해 각자 헤어졌다. 사람들이 많기는 했지만, 우리는 병원에 실려 와 치료를 받고 있는 환자들의 현황을 확인하고 싶었다. 의사들은 기자들에게 사망자와 부상자의 상태를 설명해 주

전남대병원 옥상에서 위르겐 힌츠페터 기자가 팀의 인터뷰를 준비하는 모습. 왼쪽부터 힌츠페터, 헤닝 루모어르, 주디 챔벌린, 팀 원버그, 폴 코트라이트, 데이비드 돌린저

었고 기자들의 질문에 답을 해 주었다. 그러나 자신들의 신원을 밝히고 싶어하지는 않았다. 나는 기자들에게 의사들이 신원이 밝혀지면 나중에 보복당할 것을 걱정하고 있다고 설명했다. 우리는 원하는 곳을 모두 자유롭게 둘러볼 수 있었고 부상자들과 그 가족들, 의료진들과 인터뷰도 할 수 있었다. 우리가 인터뷰한 환자들 중에는 바리케이트를 지키다가 부상당한 젊은이도 많았다. 시신으로 꽉 찬 영안실 안과 밖에서 대략 30구의 시신을 확인했다.

팀이 인터뷰를 마무리하고 폴과 내가 기자를 위한 통역을 끝낸 후 우리는 병원 밖에서 합류해 다시 도청으로 돌아갔다. 우리는 도청 건너편에 있는 상무관을 둘러볼 수 있는지 확인해 보기로 했다. 본래 체육관인 상무관은 영결식 전에 유족들을 위해 시신을 잠시 안치하는 장소로 사용되고 있었다. 사망자의 유족들은 별도의 영결식이 있기 전까지 사랑하는 가족을 이곳에 모셔놓고 있었다. 일반 대중에게는 아직 공개되지 않았기 때문에 기자를 동행한 우리는 상무관 안으로 들어갈 수 있는지 확인해야만 했다. 상무관 내부는 시신에서 나는 냄새를 중화시키기 위해 피워 놓은 향 냄새로 가득했지만, 시신의 냄새를 피할 수 없었다. 사망자들은 체육관의 바닥에 일렬로 늘어선 관에 안치되어 있었다. 관 뚜껑에 사망자의 이름이 써 있었고, 그 앞에는 꽃들과 망자의 사진들이 놓여 있었다. 가족들은 관을 둘러앉아 망연자실한 표정을 짓고 있었다. 우리는 이날 그곳에서 100개가 넘는 관을 확인했다.

상무관을 나오면서 기자들은 우리의 도움에 감사를 표한 후 떠났다. 잠시 머뭇거리다가 생각을 정리할 것도 있고 해서 혼자 걸었다. 나는 오후 3시에 열리는 집회 시간에 맞추어 다시 도청으로 돌아왔.

대략 5만 명 정도 모인 것 같았는데, 바닥에 앉아 있었기 때문에 규모를 정확히 파악할 수는 없었다. 군 당국과 타협해 빨리 정상으로 돌아가기를 원하는 지역 원로들과 군 당국에서 더욱 많은 양보를 얻어 내기를 원하는 학생들 간의 의견 차이는 여전히 좁혀지지 않았다. 수습위원회에서 스피커 시스템의 전원을 끊어버려 학생들이 집회를 준비하는 데 차질을 빚었다는 이야기도 들렸다.

내가 대화를 나누었던 사람들과 군중의 분위기에서 대부분의 시민들에게는 군인들의 만행과 그로 인한 희생에 대한 분노가 식지 않았음을 확인할 수 있었다. 시민들은 평화적인 해결을 원하고 있었지만, 그전에 군과 정부가 자신들의 잘못을 인정하고 사랑하는 가족을 잃은 사람들에게 보상을 하고, 아무런 이유 없이 끌려간 사람들을 조속히 석방해야 한다고 주장했다. 시민들은 수습위원회의 협상안을 못마땅하게 여겼으며, 협상 대표들이 단상에 올라와 이야기를 할 때마다 야유를 보냈다. 갑자기 내린 폭우로 집회가 잠시 중단되었지만, 전두환 허수아비 화형식이 열리자 시민들은 다시 모여들었다. 미국의 NBC를 비롯한 몇몇 외국 언론사의 기자들이 이 장면을 촬영하였다.

집회가 끝나고 도청 밖에서 한 청년과 대화를 나누었다. 광주의 현 상황뿐만 아니라 집회에서 일어난 사건들에 대한 의견을 교환했다. 나를 소개하면서 한국 이름과 영어 이름을 모두 알려 주었는데, 그날 밤 이후 그는 나를 한국 이름으로 불렀다. 그는 자신을 '장계범'이라고 소개했다. 도청에 머물면서 치안을 담당하던 학생 그룹의 일원이었다. 내가 한국말을 할 줄 알고 이 항쟁의 명분에 동조하고 있다는 것을 알아차린 탓인지 그는 "도청 내의 돌아가는 사정이 궁금하지 않느냐?"라고 물었다. 물론이었다. 그는 도청 안으로 출입할 수 있는 일종의 통행증을 만들어 주었다. 통행증은 주황색 재생종이로 만든 5×8센티미터의 표찰이었는데, 한자로 '기밀'을 뜻하는 단어가 세 개 찍혀 있었다.

그를 따라 도청 본관 입구의 바로 왼쪽에 있는 방으로 들어갔다. 그는 테이블 의자에 앉아 행정 기능이 사실상 마비된 도시를 학생들이 어떻게 운영하고 있는지를 설명했다. 자신들은 군과 협상하기를 원하고 있는데, 군 당국은 협상에 진정한 자세를 보이지 않고 있으며, 원로 지도자들과 학생들 간의 분열을 조장하고 있다고 말했다. 잠시 후 대화의 주제는 내가 퀘이커 교도라는 사실로 옮겨갔다. 나는 나의 종교적 신념에 비추어 군인이든 시민이든 폭력을 사용하는 것은 반대한다고 말했다. 시민들의 항쟁은 충분히 이해하지만, 시민 불복종에 의한 평화적 저항이 되어야 한다고 말했다. 그는 "그 말이 무슨 뜻이죠?"라고 물었다. "나 같으면 공수부대에게 해를 입히기보다는 차라리 맞으면서 견디는 편을 택하겠다."라고 말했다. 남북한이 대치하고 있고, 군 입대가 의무인 국가에 살고 있는 그가 이런 비폭력적인 관점을 이해할 수 있을지는 의문이었다.

그는 도청 주변을 보여 주겠다고 했다. 우리는 밖으로 나왔고 그는 회수된 무기들이 잔뜩 쌓여 있는 장소를 보여 주었다. 그런 다음 그는 본관의 1, 2층을 가리키면서 계엄군의 공격에 어떻게 대비하고 있는지 설명했다. 그는 학생들과 활동가들의 지휘부에 해당하는 사무실들도 보여 주었다. 사무실은 순찰, 운송, 의료를 비롯한 공공 서비스에 제공하는 부서로 구분되어 있었다.

얼마 동안 이야기를 나눈 후 그는 "여기서 일어나고 있는 일들을 증언해 줄 수 있습니까?"라고 물었고, 나는 그렇게 하겠다고 대답했다. 그는 먼저 외신기자들의 신분증이 진짜인지 확인해 달라고 부탁하면서 일본 언론사 소속인 한국인의 여권을 보여 주었다. 여권의 영어 철자와 스탬프 상태 등을 자세히 살펴본 후 진짜인 것 같다고 말했다. 그는 "기자들 중 혹시 북한의 첩자들이 있지 않을까 의심하고 있다."라고 말했다. 광주에 온 일본인 기자들이 대부분 한국어에 능통해 그렇게 생각했을 뿐만 아니라 일본에 거주하는 한국인들의 상당수가 북한에 호의적이라는 이야기를 들어서 더더욱 그렇게 생각하고 있었다. 학생들은 북한에 동조하고 있는 사람들과 연계되는 것을 매우 두려워하고 있었다. 이 경우 광주 시민들이 공산주의자로 매도될 수 있었기 때문이었다. 나는 "여권이 진짜이므로 그럴 염려는 없지만, 조심할 필요는 있다."라고 말했다.

한 시간 정도 지나자 그는 나를 학생수습위원회 모임에 초대하였다. 그는 군의 입장과 관련된 몇 가지 쟁점을 설명했다. 군의 입장은 계속 변하고 있고 점점 더 강경해지고 있었다. 나는 "군인들이 도시에서 퇴각한 사실을 굴욕적으로 여기고 있기 때문에 협상에 진지한 자세로 임할 것 같지 않다."라고 말했다. 내 생각에 군인들은 시간을 끌면서 도청 내에 분열을 야기하고 도시를 다시 탈환할 계획을 세우고 있는 것처럼 보였다.

그는 나를 위층에 있는 작은 사무실로 안내했다. 그 옆에는 더 큰 회의실이 있었는데, 이미 10명 이상의 사람들이 테이블 주위에 앉아 있었다. 나는 벽을 등지고 앉았고, 그는 오른편에 앉았다. 회의가 시작되기를 기다리고 있는데, 한 무리의 사람이 들어왔다. 그들 중 한 사람이 나를 똑바로 쳐다보며 "이 외국인은 누굽니까?"라고 물었다. 그는 "도청에서 일어나고 있는 일을 증언해 주기 위해 온 사람"이라고 대답했다. 나는 그에게 한국 이름을 말하고 영암에서 근무하고 있는 평화봉사단원이라고 소개했다. 그는 자신을 "윤상원"이라고 소개했다. 그가 몇몇 다른 사람의 반대에도 불구하고 나의 회의 참관을 허락하는 모습을 보면서 그가 이들의 지도자라는 것을 눈치챌 수 있었다.

그들은 곧바로 회의를 열고 군과의 협상안을 두고 토론을 시작했다. 이 회의에는 학생들과 활동가들만 참석했지만, 이 회의에도 강경파와 온건파가 존재하고 있었다. 양측은 무기 회수와 반납 건을 두고 첨예하게 대립하면서 서로 언성을 높이고 다투기 시작하였다. 강경파는 "우리는 군을 신뢰하지 않으며 우리가 아직까지 공격을 받지 않고 있는 이유는 무기를 반납하지 않고 있기 때문"이라고 주장했다. 반면, 온건파는 "무기를 반납하지 않으면 군대가 다시 공격할 것이며 그에 따라 많은 희생자가 생길 것"이라고 주장했다. 이 문제에 대해서는 타협점이 보이지 않았다. 윤상원과 강경파들은 평화로운 해결은 물 건너 간 것으로 보고 최후까지 항전하기로 결정한 듯했다. 이들에게 가장 절실한 것은 피할 수 없는 유혈 사태를 최소화할 방법을 찾는 것과 자신들에게 광주 이외의 지역에서 광주의 참상을 알고 동참할 수 있을 때까지 버틸 만한 환경을 조성하는 것이었다.

강경파들은 군부가 협상하는 척하면서 지연 전략을 펴고 결국에는 도시를 공격할 것이라고 믿고 있었다. 문제는 '언제 쳐들어올 것이냐.'였다. 군인들이 공격을 해 온다면 분명히 동이 트기 전일 것이라고 분석했다. 그다음으로는 '현 바리케이드의 상황은 어떠하며 군의 병력 이동 상황을 어떻게 파악할 것인가?'와 '군용 무선기의 주파수를 어떤 방법으로 감청할 것인가?'로 넘어갔다.

도청에는 군인들의 동향을 파악하기 위해 감청용으로 사용하는 군 사용 무전기가 있었다. 그날 밤 무전기를 운용할 계획을 논의하면서 군인들이 작전을 펼치기 위해 영어를 사용하거나 미군과 공조할 가능성도 있다는 의견이 나왔다. 이에 대해 장계범은 영어를 할 줄 아는 사람이 무전기를 감청하는 게 좋겠다고 제안했다. 윤상원은 동의했고, 나에게 "무전기 감청을 도와줄 수 있느냐?"라고 물었다. 나는 흔쾌히 허락했다. 이것이 내가 이들의 생명을 구하는 데 기여할 수 있는 최소한의 방법이라고 생각했다. 윤상원은 회의가 끝나고 방을 나서면서 나에게 "이제 광주 시민이 다 되었네요?"라고 말했다. 1980년 5월의 가장 좋은 기억 중 하나는 내가 실질적으로 광주 시민의 일원이 되었다는 사실이다.

밤 9시쯤 무전기를 감청하기 시작했다. 장계범은 또 다른 회의가 있어서 가 봐야 한다고 말했다. 나는 배가 별로 고프지 않아서 저녁밥은 생략했고, 물만 마셨다. 도청에 있는 사람들이 먹을 것도 제대로 먹지 못하고 잠도 제대로 자지 못하고 있다는 이야기를 들어서 그랬는지도 모르겠다.

무전기는 본관 서쪽 끝에 있는 도청 도서관에 있었던 것으로 기억한다. 기자들이 묵었던 여관에서 보이던 바로 그 건물이었다. 군인들이 건물 내부에 있는 사람들을 표적으로 삼을 수도 있었기 때문에 방의 불은 꺼져 있었다. 무전실에는 나 이외에 두 사람이 더 있었다. 한 명은 전남대학교 학생이었고, 다른 한 사람은 20년의 군 복무를 마치고 전역한 40대 중반의 남성이었다. 그는 상사로 제대했는데, 결혼했고 자녀도 있었다. 그는 나에게 깊은 인상을 심어 주었다. 키는 나보다 작았지만 풍모와 어투가 남달랐다. 학생들이 그를 존경하는 이유를 알 것 같았다.

우리는 밤새 많은 이야기를 나누었다. 대화의 대부분은 그가 왜 이 일에 참여했는지, 시민들이 왜 봉기했는지와 관련된 것이었다. 정부가 광주 시민을 이런 식으로 대하는 것에 대해 크게 분노했다고 말했다. 자신도 군인 출신이지만 공수부대원들이 시민들에게 저지른 만행을 보고 참을 수 없어 참여하게 되었다고 말했다. 그러나 지금까지는 직접 무기를 들고 싸우지는 않았고 자신의 군대 경험을 살려 시민들을 돕고 있었다. 그는 자신의 삶과 가족, 자식들에 대해 이야기하면서 조국을 더 나은 나라로 만들 수 있다면 자신을 기꺼이 희생하겠다고 말했다. 이것이 당시 도청에 있었던 모든 젊은이가 공유한 정신이었다.

우리는 밤새 군용 무선 주파수를 찾아 군인들이 정말 공격해 오는지를 알아내기 위해 노력했다. 군인들이 통신하는 내용이 종종 들리기는 했지만, 공격의 징후는 발견되지는 않았다. 만약 그날 군인들이 공격했다면 나는 저항하지 않고 도망치지도 않고 그 자리에 그대로 있을 계획이었다. 아마 도청 앞 광장에 앉아 기다렸을 것이다. 체포되어 감옥에 갔을 수는 있지만, 비무장 상태의 미국인인 나를 쏘지는 않을 것이라고 생각했다. 매우 어리석은 발상이었지만, 당시 나는 내가 옳은 일을 하고 있다고 생각하였고, 그것이 대단히 중요하다고 믿었기 때문에 별로 걱정하지는 않았다.

밤 11시쯤, 우리는 기력을 보충하기 위해 날달걀을 먹었다. 어느 순간 나는 의자에 몸을 구부리고 10~15분 깜빡 졸았다. 어둠 속에서 깨어 보니 무전기 다이얼과 누군가 피우고 있는 담배의 불빛 때문에 같이 있는 학생과 전직 군인의 얼굴이 희미하게 드러났다. 나머지 밤도 아무런 사건이 없이 지나갔다.

# 10. 계속되는 긴장
### 5월 25일 일요일

    도서관의 창으로 해가 비치기 시작했다. 군인들의 동태를 눈으로 확인할 수 있을 정도로 날이 밝아지자 전직 군인인 현장 지휘자는 무전기 감청을 중단했다. 그리고 뭘 좀 먹자고 했다. 그들은 아침을 먹은 후 잠을 청할 계획이었다. 나는 내 걱정을 하고 있을 친구집으로 가야하기 때문에 나중에 다시 만나자며 감사의 말을 전하고 떠났다.
    그들과 헤어진 후 건물 밖으로 나와 도청의 정문 쪽으로 걸어갔다. 도청을 경비하고 있는 사람들에게 아침 인사를 건네자 아침 일찍 외국인이 도청에서 나오는 모습을 보고 놀라는 표정을 지었다. 광장을 가로질러 팀의 집으로 향했다. 팀은 도청 안에서 무슨 일이 일어나고 있는지 궁금해했기 때문에 아침을 먹으면서 어젯밤 내가 보고 들은 것에 대해 자세하게 이야기해 주었다.
    안방에 앉아 광주에 관련 보도를 봤다. 날조된 사실만 보도하고 있었다. 무법천지로 묘사되고 있는 뉴스와는 달리 광주에서는 약탈은 전혀 없었고, 당시까지만 해도 물자 부족을 느끼지 못했다. 사람들은 음식을 서로 나누어 먹고 있었고, 시장에서는 생필품이 점점 줄어들고는 있었지만, 아직까지는 쌀을 구할 수 있었고, 사재기도 없었다.

폴은 영결식이 끝나면 다시 광주를 떠나 서울로 갈 계획이었다. 그는 우리가 보고 들은 정보들을 미국 대사관과 평화봉사단 본부에 전달하기로 했다.

아침 식사를 마친 후 우리는 도청으로 향했다. 이전보다는 적은 사람이 모였다. 우리는 여러 기자를 만났고, 상무관에서 열리기로 했던 사망자 영결식은 다음 날로 연기되어 참석할 수 없었다. 추가된 시신의 신원을 확인하고 유가족의 허락을 얻어 영결식 대상에 포함하기 위해서 연기된 것이었다.

영결식이 연기되면서 몇몇 기자는 아침 예배를 하는 사진을 찍고 싶다며 교회를 방문하고 싶어했다. 우리는 최대한 많은 기자를 돕기 위해 서로 흩어지기로 했고, 나는 기자 한 명과 함께 여러 교회를 돌아다녔다.

교회에서는 아침 예배를 드리면서 목숨을 바친 사람들과 도시를 지키고 있는 시민들을 위한 기도가 이어졌다. 어느 성당에서 인터뷰한 신부는 죽고 다친 사람들을 걱정하며 사태가 어떻게 마무리될지 모르겠다며 탄식을 했다. 예배에 집중할 수는 없었지만, 교회 안에 있으니 바깥 걱정거리가 사라진 듯 마음이 평온했다. 예배에 참석하는 사람들과 이야기를 나누면서 광주가 처한 곤경을 뒤로 한 채 떠날 수 없다는 내 결심은 더 굳어졌다. 예배에 참석한 사람들은 평화적인 해결을 위해 기도하고 있었다.

예배가 끝난 후 다시 걸어서 11:30분경에 도청에 도착했다. 나와 함께한 기자는 시민군들이 도시를 지키고 있는 외곽을 둘러보고 싶어했다. 사진만 찍으면 되기 때문에 굳이 통역은 필요 없었다. 잠시 후 지프를 얻어 타고 가는 그가 보였다.

기자가 떠난 후 도청 앞 광장에서 팀과 합류했다. 그도 동행했던 기자와 헤어진 상태였다. 팀과 나는 도청 안에서 일어나고 있는 일들을 확인하기 위해 정문으로 걸어갔다. 경비대에게 출입증을 보여 주며 팀과 함께하고 싶다고 말했더니 들어가고 좋다고 허락했다. 도청 건물 쪽으로 가자 무슨 일이 일어난 듯 위층에서 소란이 일어났다. 갑자기 사람들이 들락거리고 서로 소리를 질러댔다.

나는 학생들 중 한 명에게 무슨 일이냐고 물었다. 그는 누군가가 칼에 찔렸는데 독침일 가능성도 있다고 대답했다. 군이 관련된 사건일 수도 있기 때문에 일부는 건물을 수색 중이고 또 군의 공격의 전조일 수도 있기 때문에 일부는 외곽 경비를 위해 출동을 준비하고 있었다. 나는 자세한 내용을 알고 싶어서 장계범을 찾기로 했고, 전날 만났던 한 청년에게 그가 어디에 있냐고 물었다. 그는 바로 장계범이 정부요원에게 펜으로 등을 찔렸으며, 그 펜에는 독극물이 들어 있을 것으로 보인다고 말했다. 우리는 그가 전남대병원으로 이송되었다는 것을 알게 되었다.

팀과 나는 병원으로 달려갔다. 응급실에 도착해서 의사에게 환자와는 잘 아는 사이라고 말하면서 걱정하자 그 응급실 의사는 자신이 알고 있는 내용을 우리에게 말해 주었다. 독침은 아니고, 그는 단순히 볼펜심에 찔려서 잠시 놀랐을 뿐이며, 간단한 치료를 받은 후 집으로 돌아갔다는 것이다. 또한 의사는 그가 퇴원하면서 응급실 직원에게 자기 집에 다이너마이트가 있는데, 군인이 알게 되면 자신은 살아남지 못할 것이라고 말했다고 전했다. 의사는 우리에게 주소를 적어주었지만 그가 집에서 쉬는 게 좋을 것 같다고 판단한 우리는 만나러 가지 않았다.

독침 사건 이후 정부 요원들의 개입 가능성에 대한 의혹이 커지면서 많은 우려와 혼란을 초래했고, 군인들이 광주 외곽에서 점점 좁혀 들어오고 있다는 소문은 무성했다. 내가 이야기를 나눈 몇몇 사람은 정부가 공포를 조장하여 군인들의 도시 재진입 명분을 쌓고 있다고 보았다. 사실 정부가 사람들을 분열시키고 있다는 의혹은 장계범과 내가 전날에 논의한 주제이기도 했다.

일요일 오후, 도청 앞에서는 집회가 또 열렸고 시민들의 연대를 호소하는 가두 행진이 있었다. 마침 비가 내렸는데, 많은 사람은 광주 시민들을 위한 하느님의 눈물이라고 생각했다. 일요일의 인파는 그 전과는 달리 광장 근처의 샛길까지 꽉 찰 정도로 많지는 않았다. 평화적 해결에 대한 가능성이 줄어들면서 시민들이 좀 더 소심스럽게 행동한 탓으로 생각되었다.

집회에서 사람들은 분노한 표정으로 우리에게 주한미군 사령관인 존 위컴General John A. Wickham이 광주 시민들을 진압하기 위한 군대 이동을 허락하고 미국 정부가 전두환을 지지하는 것은 아닌가 하고 물었다. 시민들은 미국에 대해서 매우 화가 나 있었고, 한국말을 하는 미국인이라는 이유로 우리는 그 분노의 대상이 되어야만 했다. 그러나 우리에게 개인적인 감정이 있어서가 아니라 그저 혼란스러운 마음과 좌절감을 표출하고 싶었을 뿐이었다. 우리는 아무것도 모르며 미국 정부를 설득할 힘도 없고 그럴 위치에 있지도 않다고 설명했다. 진실을 알리기 위해 미국 대사관과 연락을 취했고, 앞으로 증인이 되기 위해서라도 광주를 떠나지 않을 것이라고 강조했다. 우리는 시민들의 모습에서 미국 정부에 대한 실망감을 잘 읽을 수 있었다. 인권 중심의 외교정책을 내세운 미국 정부가 고통 속에서 평화로운 해결을 바라는 사람들을 왜 그대로 나누고 있는지 의아해했다.

이런 좌절감이 집회의 분위기에 반영되었다. 마이크를 잡은 위원회 지도자들은 군은 협상에 진지하게 임하지 않고 있으며, 조건과 요구 사항을 계속 바꾸고 있는데 절대 수용할 수 없다고 강경한 어조로 말했다. 군이 요구에 굴복할 의사가 전혀 없으며 대의를 위해 목숨을 바칠 용의가 있음을 분명히 했다.

집회가 끝났을 때, 팀과 주디는 도시 남쪽에 거주하고 있는 선교사들을 찾아가기로 결정했다. 두 사람은 선교사들과 친분이 있었고, 특히 주디는 지난 며칠 동안 그들을 여러 번 접촉했었다. 나는 전날에 무전실에서 같이 지냈던 사람들과 인사도 나누고 상황도 파악할 겸 도청 안으로 들어가기로 했다. 내가 도청에서 나눈 대화와 집회의 분위기로 보면 윤상원을 중심으로 한 강경파들이 주도권을 쥐고 있는 게 분명했다. 내가 무선 통신을 감청하기 위해서 떠난 후에 열린 모임에서 많은 온건파 학생이 사퇴하고 군부의 요구에 굴복하지 않으려는 운동가들과 노동자들이 그 자리를 차지했다.

도청에서 사람들과 대화를 나눈 후, 오늘도 긴 하루였구나 생각하고 저녁을 먹기 위해 팀의 집으로 돌아갔다. 집에 도착하자 팀과 주디가 심각한 표정으로 걱정하고 있었다. 선교사들을 방문했는데, 거기서 군인들이 외곽의 포위망을 점점 강화하고 있으며, 선교사 사택 근처까지 진격했다는 소식을 들은 것이다. 이 말을 들은 팀과 주디는 급히 돌아왔고, 그날 저녁 내내 군인들이 재진입한다는 소문은 여기저기에서 더 많이 들려왔다. 우리는 군인들이 월요일 아침 일찍 공격해 들어오지는 않을까 걱정했다.

우리는 밤 10시쯤에 잠자리에 들었다. 지난 이틀간의 일들로 너무 피곤해서 바로 잠들었다. 밤 10시 반쯤 우리는 안방에서 울리는 전화벨 소리에 깜짝 놀랐다. 팀에게 온 것이었는데, 조선대병원에 있는 누군가가 팀의 친구들 중 한 명이 응급실에 실려 왔다고 전해 온 것이었다. 밤 9시부터 통금이었지만, 팀은 친한 친구이기 때문에 병원에 가야 한다고 말했다. 나는 망설임 없이 같이 가겠다고 했다. 우리는 인적이 드문 길을 골라서 조선대병원까지 뛰기 시작했는데, 지름길이긴 했으나 가파른 언덕길이었다. 가로등이 켜져 있었지만, 집집마다 창문이 가려져 있었기 때문에 침침했다. 우리는 혼잡할 것으로 생각하고 응급실로 뛰어 들어갔는데, 의외로 조용했다. 치료를 기다리는 사람은 없었고, 간호사와 의사 몇 명만 있을 뿐이었다. 그들은 응급 상황은 없었다고 말했다. 전남대병원이었는데, 착각한 것이라 생각했다.

우리는 전남대병원을 향해 언덕길을 뛰어서 내려왔다. 하지만 응급실에 들어서자 여기도 역시 조용했다. 그날 밤은 응급 상황도 없었고, 총격 사건도 없었다. 우리는 순간 당황했고 '무슨 일이 일어난 거지?' 하며 곰곰이 생각했다. 누가 전화를 했을까? 전화한 사람은 팀의 친구 이름을 어떻게 알았을까? 누가 우리를 감시하고 있었을까? 누군가가 팀을 체포하려고 했을까? 시내 전화는 다 불통이었는데, 늦은 밤에 전화가 어떻게 온 것일까? 지금까지 나는 이 문제에 대해 아무런 결론을 내리지 못하고 있다. 넓고 텅 빈 거리를 걸으면서 팀과 나는 서로에게 많은 질문을 했지만, 답을 찾을 수 없었다.

팀의 집으로 반쯤 돌아왔을 때, 지프 한 대가 속력을 내며 우리 쪽으로 다가왔다. 지프에는 M-1을 들고 있는 대학생 두 명이 타고 있었는데, 혹시 우리를 찾고 있는 것은 아닐까 궁금했다. 그러나 그렇지 않았다. 그들은 우리를 보자 인사를 하며 집까지 태워주겠다고 말했다. 통행금지 시간이었지만 우리는 응급실 전화 건에 대해서 서로 이야기를 하고 싶었기 때문에 사양했다. 그들은 우리에게 조심하라고 이르고 도시 외곽의 바리케이트로 연결되는 도로 쪽으로 사라졌다.

  우리는 이런저런 이야기를 하며 집으로 걸어갔다. 아무 일이 없이 팀의 집으로 돌아왔고, 방 안으로 들어가서 휴식을 취할 수 있어서 좋았다. 우리는 다른 사람들에게 잘못 걸려 온 전화라고 말했다. 그러고 나서 잠자리에 들었고, 너무 지쳐 곧바로 잠들었다.

## 11. 장례식과 이별

5월 26일 월요일

아침에 일어났지만, 상황은 바뀌지 않았다. 군인들은 아직 도시로 진입하지 않았다. 선재 어머니에 의하면 시장에는 식량이 일부 부족하지만, 시장 상인들이 시민군들을 위해서 음식을 나누어 주고 있으며 그렇게 심각한 상황은 아니었다. 아침 식사 후 팀과 주디는 새로운 소식을 듣기 위해 선교사들에게 가기로 했다. 그런 다음 시내에서 만나기로 했다.

나는 상황을 파악하기 위해서 도청 쪽으로 걸어갔다. 우선 새로운 소식이 있는지 알아 보기 위해 외신기자들이 머물고 있는 여관에 들렀다가 도청으로 갔다. 도청을 지키고 있는 시민들과 대화에서 아침 일찍 군인들이 봉쇄망을 좁혀 오다가 다시 멈췄다는 사실을 알게 되었다. 그 날 나는 도청과 시내를 오가면서 군인들이 어떻게 이동해오고 있는지에 대한 많은 이야기를 들었다. 도시를 둘러싼 봉쇄망이 서서히 좁혀 들어오고 있는 것은 분명했다.

도청 안에 있는 사람들은 분주하게 움직이고 있었다. 목전에 이른 계엄군의 공격에 대비하기 위해 지도자들과 시민군들은 최후의 항전을 계획하고 있었다. 지프와 군용트럭에는 전경들로부터 노획한 헬멧을 쓰고 보호대를 찬 무장한 청년들이 많이 보였다. 군의 작전에 신속하게 대응하기 위해 조직된 기동대처럼 보였다. 온종일 이 기동대들이 도청을 수시로 왕래하며 활동하는 것이 매우 인상적이었다.

암울한 기운이 도시를 감싸기 시작했다. 도청 안을 살펴보면서 군의 재진입을 기정 사실로 여기고 체념 상태에 있는 사람을 여럿 만났다. 많은 사람의 표정은 점점 돌처럼 변해갔다. 그들은 자신들의 운명을 좌우할 비극적인 미래가 그들이 선택한 최후의 결정임을 알고 있었다.

정오쯤에 도청 앞에서 팀과 주디를 만났다. 그들은 선교사들로부터 모든 외국인은 당장 광주를 떠나야 한다는 전갈을 듣고 오는 길이었다. 선교사를 만난 자리에서 팀과 주디는 도시를 떠나지 않기로 결정했다고 말했고, 선교사들도 마찬가지 입장이었다. 선교사들은 팀에게 자신들의 숙소에 머물게 해 주겠다고 제안했는데, 팀은 선재와 그의 어머니를 위해서라도 하숙집을 떠날 수 없다고 말했다.

많은 기자들이 통역을 부탁했다. 우리는 각자 흩어져 기자들을 도와준 후 오후에 영결식장에서 만나기로 했다. 하루 종일 나는 대략 6명의 기자와 함께했다. 기자들은 보통 무리를 지어서 취재를 다녔다. 광주에 막 도착한 〈뉴욕 타임즈 New York Times〉의 헨리 스콧 스톡스 Henry Scott-Stokes도 그중의 하나였다. 우리를 만난 그는 전두환 군부가 도시를 폭격하고 싶어했지만, 미국 정부가 개입해 막았다고 말했다. 나는 그를 도청으로 안내한 후 영결식을 위해 상무관에 안치된 관을 보여 주었다.

이날 오후 상무관에 안치된 사망자를 위한 합동 영결식이 열렸다.

지난 이틀간 여러 기자에게 시신이 안치된 관을 보여 주었으나 영결식에는 생각보다 많은 기자가 오지는 않았다. 또한 상무관에는 이틀 전에 비해 절반도 안 되는 40여 개의 관만 있었다. 주변 사람들에게 그 이유를 물었더니 이미 많은 유가족이 관을 인수해서 개인적으로 장례식을 치루었기 때문이라고 대답했다. 도청 옆 마당에는 아직도 가족이 확인되지 않은 관이 최소 20여 개가 있다는 이야기도 있었다.

시민수습위원회가 주관한 영결식은 매우 엄숙하게 진행되었다. 이 영결식은 군인들이 광주 시민들에게 자행한 만행을 상기시켜 주었다. 상무관은 영결식에 참석한 사람들로 꽉 찼다. 유가족들은 밤새 관을 지키고 있었다. 영결식에서는 고인의 이름과 나이, 직업 등이 차례로 낭독되었다.

팀, 주디 그리고 나는 기자들과 함께 영결식을 지켜보았다. 팀은 영결식에서 무슨 말이 오고 가고 있는지를 기자들에게 통역해 주었고, 기자들이 추가로 질문하면 우리가 나서서 설명을 했다. 영결식이 끝난 후 기자들과 함께 관 사이를 걸으며 통역을 했다. 기자들은 유가족들에게 가족이 어떻게 죽게 되었는지를 알고 싶어했다. 기자들은 내가 기자들의 질문을 통역하기 전에 유가족들에게 사과를 하고 위로의 말을 건네는 걸 인상 깊게 지켜보았다. 유가족들은 이러한 나의 태도에 감사했으며, 가끔은 내가 누구인지, 어디서 왔는지, 무슨 일을 하는 사람인지 궁금해서 되묻곤 했다. 이럴 때면 나의 이러한 행위가 유가족들의 고통을 조금이라도 덜어준 것 같아 마음이 놓이곤 했다.

유가족들은 기자들의 질문에 대답하기를 꺼려하였으나, 비통한 마음으로 우리에게 마치 독백과 같은 질문을 쏟아냈다.

"이 사람들의 죽음이 헛된 것인가요?"

"아무 쓸모없는 죽음인가요?"

침울한 영결식은 애국가 제창과 함께 끝났다.

영결식이 끝나고 도청으로 돌아왔다. 며칠간 극도의 긴장 속에서 지낸 도청 안 사람들은 탈진되어 버렸다. 나와 이야기를 나눈 몇몇 사람은 매일 밤 잠을 자지 못했으며, 운이 좋으면 낮에 한 시간 정도 잠깐 눈을 붙인 게 전부라고 말했다. 그들은 사람들이 가장 피곤한 상태인 동트기 직전에 공격이 있을 것으로 보고 있었다. 나와 이야기를 나누고 있는 중에도 졸고 있는 청년들이 눈에 띄었다.

이날 오후 3시에 도청 앞 광장에서 집회가 열렸다. 광장은 붐볐으나 참석 인원은 예전보다 적었다. 늘 그렇듯이 사람들은 군과의 협상이 어떻게 진행되고 있는지가 가장 궁금했다. 학생위원회는 협상 과정에서 군이 보여 준 신뢰할 수 없는 태도를 강하게 성토하였으나, 군의 포위망이 얼마나 강화되고 있는가에 대해서는 공개적으로 논의하지 않았다. 왜 그랬는지는 모르겠으나 내 느낌으로는 군부대가 다시 공격해올 경우 광주 시민들이 도청에 있는 자신들은 지지해 줄 것으로 기대하지 않았기 때문으로 생각되었다. 학생들은 최후의 항쟁에 임하는 자신들의 각오와 자세를 시민들에게 각인시키고 싶어했다. 학생들은 〈우리는 왜 무기를 들게 되었는가〉라는 제목의 성명서를 작성하여 사람들이 읽을 수 있도록 게시하였다.

학생들은 이 성명서를 통해 먼저 "도시와 민주주의를 수호하기 위해 피를 흘리며 목숨을 바친 시민과 학생"들을 추념한 다음 "왜 봉기할 수밖에 없었는가?"라고 반문했다. 답은 간단했다. 이런 만행을 차마 그대로 볼 수 없기 때문에 무기를 든 것이다. 학생들이 수업에 복귀하겠다고 약속했는데도 계엄령을 확대하고 "말할 수 없이 잔인하고 무자비한 만행을 저질렀다."라고 비판했다. 또한, 이 성명서에는 "계엄 당국은 5월 20일 밤부터 발포 명령을 내리고 무차별 사격을 시작했습니다. 광주를 지키기 위해 모인 민주시민 여러분, 이런 상황에서 우리는 무엇을 할 수 있을까요? 우리는 무엇을 해야 하는지 묻고 싶습니다. 우리는 더는 고통을 받을 수 없습니다. 그래서 고향을 지키고 부모, 형제, 자매들을 보호하기 위해 우리는 각자의 손에 총을 쥐고 일어섰습니다."라고 적혀 있었다. 학생들은 자신들의 행위에 대한 지지를 호소하면서 군과의 협상이 유리하게 진행되면 즉각 무기를 반납하겠다고 약속하고 무장시위대에 대한 시민들의 협조를 당부했다.

집회가 끝난 후 나는 도청 안으로 들어가서 대화할 여유가 되는 사람들을 만나서 이야기를 나누었다. 월요일이어서 그런지 대부분 매우 바빴다. 그러나 내가 그날 오후와 이른 서녁에 나눈 대화는 광주에서 일어난 일에 대한 진상 규명의 필요성에 초점이 맞추어지면서 이전보다 더 길어지고 요점이 분명해졌다. 학생들은 늦은 오후부터 광주 밖으로 빠져나가서 광주 소식을 외부에 알리고 있었다. 광주의 소식을 알려서 다른 지역에서도 광주 시민들과 함께하기를 희망하고 있었다. 외부의 동참을 호소하는 것이 군대의 공격을 막을 수 있는 유일한 방법이었다. 시간이 점점 흐르면서 도청에 모인 사람의 얼굴에서는 오늘이 자신들의 마지막 날이 될 것임을 인정하는 표정이 뚜렷하게 나타났다. 그날 오후가 지나고, 이른 저녁이 다가오면서 나를 알고 있는 많은 사람은 매우 단호한 표정으로 나에게 마지막 작별 인사를 했다.

어둠이 찾아오자 학생 지도자들은 가능한 한 많은 기자를 만나 자신들의 입장과 요구 사항을 광주 이외의 지역으로 전달하기 위해 노력했다. 학생 지도자들은 특히 외신기자들에게 미국 대사관에 광주의 사정을 전하고 평화적 해결을 위해서 대사관이 중재해주기를 요청하였다.

그 전날, 학생위원회 대변인이 도청 지도부를 대신해서 기자회견을 했다. 윤상원은 될 수 있는 한 언론과 접촉하는 것을 꺼려왔는데, 상황이 급박하게 돌아가자 자청해서 언론과 인터뷰를 하기 시작하였다.

회의실에서 열린 한 기자회견장에서 나는 윤상원을 만났다. 테이블에 앉은 여러 기자 앞에서 윤상원과 대변인이 말하고 질문에 응했다. 한국어 실력이 가장 좋은 팀이 통역을 하고 필요할 때에는 내가 도왔다. 윤상원은 기자들에게 군인들은 믿을 수 없다고 말하고 미국대사가 사태를 중재해 주기를 원한다고 여러 차례 강조했다. 질문에 답하면서 그는 또한 군대가 쳐들어오면 최후의 일인까지 싸워서 광주를 지키겠다고 말했다.

기자회견이 끝나자 기자들은 모두 퇴장했다. 윤상원은 나와 팀에게 통역을 맡아 주어서 고맙다고 말했다. 윤상원과 나는 악수를 나누고 작별 인사를 했다. 다시는 못 만날 것 같은 느낌이 강하게 들었다.

기자회견이 끝난 후 나는 도청 건물을 돌아다니면서 지난 이틀간 알고 지냈던 사람들과 이런저런 이야기를 나누었다. 대부분 그날 밤에 군인들이 공격해올 것을 알고 있었다. 많은 사람이 다가와 나에게 마지막 작별 인사를 했고, 자신들을 기억해 달라며 악수를 건넸다. 이곳에서 일어난 일을 증언하기 위해 지난 며칠간 도청에서 지냈던 나에게 사람들은 여기서 일어난 일을 반드시 증언해 달라고 부탁했다.

그런 다음 나는 윤상원의 기자회견에 참석해 기사를 작성한 헨리 스콧 스톡스 기자를 만났다. 그가 윤상원이 미국 대사관에 중재를 요청했다는 내용의 기사를 작성했다는 사실은 훨씬 나중에 알게 되었다. 그 기사는 그의 동료 기자가 광주 밖에서 전송해 기사화되었다. 나는 그와 함께 그가 묶고 있는 여관까지 같이 걸었다. 여관은 금남로를 바로 벗어난 곳에 있었다. 그는 외신기자와 함께 일을 하고 있는 한국인 기자들의 대부분은 한국의 중앙정보부에도 보고하는 것 같다고 말했다. 그와 나눈 대화에서 나는 대부분의 외신기자들이 한국 기자들을 의심하고 있으며, 통역의 정확성도 걱정하고 있다는 느낌을 받았다. 어느 외신기자는 우리에게 한국 기자들의 통역이 정확한지 묻기도 했다. 그들의 통역이 사태를 제대로 전하지 않고 낙관적으로 묘사하는 경우가 있어서 우리가 바로 잡아 준 적도 있었다.

늦은 오후에 도청에서 마지막 기자회견이 열렸다. 이번 기자회견은 학생위원회 대변인이 주도했는데, 그는 학생위원회의 입장을 설명하였고, 특히 기자들에게 광주에서 일어난 일을 정확히 알려서 기자로서의 본분에 충실해 달라고 당부했다.

기자회견이 끝난 후 나는 도청 안에서 될 수 있는 한 많은 사람을 만나 작별 인사를 했다. 그들은 이날이 마지막 날이 될 것으로 직감하고 있었다. 나는 우리가 영원히 작별하는 게 아니라 언젠가는 다시 만나게 될 것으로 확신한다고 말했다. 당신들을 크게 존경하고 있으며, 앞으로 무슨 일이 있더라도 다시 만나게 될 것임을 알아 달라고 말했다. 마지막이 될지도 모르는데, 서로 눈을 쳐다보면서 앞날을 기대하는 표정을 짓는다는 것은 참으로 힘든 일이었다.

내가 도청에서 보낸 여느 날과는 달리 그날은 일종의 최후의 날이었다. 앞으로 다가올 마지막이, 그리고 앞으로 얼마나 더 많은 죽음이 있을지 걱정되었다. 이 모든 것을 어떻게 감당할 수 있을까? 내가 아는 많은 사람이 이토록 짧은 시간 안에 죽을 수도 있는데 말이다.

팀의 집으로 돌아와서 7시경에 저녁밥을 먹은 후 우리는 오늘 밤에 일어날 일에 대해 서로 이야기를 나누었다. 우리는 너무 지쳐 있었기 때문에 9시경에 방으로 들어가 잠을 청했다. 나는 바로 잠이 들었다. 피곤한 탓인지, 아니면 곧 다가올 사태를 회피하고 싶어서였는지 모르겠다.

## 12. 목격

**5월 27일 화요일**

새벽 3시쯤 젊은 여성의 날카로운 스피커 목소리에 잠이 깼다. 군인들이 처들어오고 있으니 광주 시민들은 모두 도청으로 모이고, 나아가 최후의 항전에 임하는 사람들을 잊지 말아달라는 내용이었다. 그 여성은 지프를 타고 돌아다니면서 방송하는 것 같았다. 지금까지 나는 그 여성이 어느 순간에 짧은 영어를 말한 것으로도 기억하는데, 내 착각일 수도 있다.

우리는 모두 깨어 있었다. 주디가 우리 방으로 들어왔고, 선재 어머니는 방에 그대로 머물러 있었다. 우리는 이것이 마지막이라는 것을 직감하고 있었다. 이 여성의 요청에 응답해 집을 나서는 사람들이 과연 있을까? 군인들의 공격에 끝까지 저항할 사람들은 바리케이트 안쪽에서 도청을 지키고 있는 그들뿐이었다. 전날 그들과 나눈 대화로 미루어 그들은 끝까지 저항할 것이 분명했다. 군인들이 집을 향해 총격을 가할까 봐 매트리스로 창문을 막았다. 서로의 얼굴을 전혀 알아볼 수 없는 칠흑 같은 어둠 속에서 군인들의 공격이 얼마나 폭력적일까를 걱정했다. 사태가 진정되고 나면 우리는 보안 당국의 표적이 될 수도 있다는 걱정을 하기도 했다.

나는 팀에게 지금 나가서 도청의 정문 앞에 지키고 앉아 있고 싶다고 말했다. 내가 미국인인 것을 알게 되면 군인들도 도청을 폭력적으로 탈환하지는 않을 것이라고 말했다. 하지만 팀이 설득해 그렇게 하지는 못했다. 총격 소리가 들려왔다. 처음에는 단발 소리가 들리더니 나중에는 자동 총격 소리로 바뀌었다. 점점 고조되는 공포와 절망 가운데서 스피커 여성의 목소리는 더욱 날카로워졌다. 자동 소총 소리와 함께 들리는 그녀의 간절한 애원을 듣는 것은 참으로 고통스러웠다. 그 여성의 목소리는 한 20분 정도 간헐적으로 계속되다가 이내 조용해졌다.

대략 4시 30분쯤 집 근처의 도로에서 탱크 바퀴가 굴러가는 소리를 들었다. 그리고 얼마 지나지 않아 군인들이 행진하는 소리가 들렸다. 팀과 나는 군인들이 집을 수색하지는 않을까 궁금해 옥상으로 올라가 거리에서 무슨 일이 일어나고 있는지 살펴보았다. 하늘이 점점 밝아지고 있었으며, 군인들이 집집마다 돌아다니면서 무장 시위대로 의심되는 사람들을 찾고 있는 모습이 보였다. 모든 집을 대상으로 하는 것은 아닌 것으로 보아 그들은 이미 어떤 집을 수색해야 하는지를 알고 있는 듯했다. 그들은 헬멧에 흰색 띠와 완장을 차고 있었으며, 겉모습으로 봐서는 무서운 공수부대원들이 아니라 일반 육군으로 보였다. 이 모습을 보고 군인들이 예상보다는 덜 폭력적일 수 있겠다는 안도감이 들기도 했다.

도청 방향에서 총성과 군인들의 공격에 대항하는 소리들이 들려왔다. 공격하는 군인들의 소리와 그걸 막는 시민군들의 소리가 확연하게 구분되었다. 군인들의 M-16 자동 소총의 총성에 비해 무장 시위대가 사용하는 M1의 단발 총성은 슬플 정도로 초라했다. 오전 7시가 되자 더 이상의 총성은 들리지 않았다.

우리는 안방으로 모였고, 선재 어머니가 아침 식사를 차려 주었다. 배가 별로 고프지는 않았지만, 실례가 될 것 같아서 조금 먹었다. 총성이 더 이상 들리지 않았기 때문에 도청으로 가서 무슨 일이 일어났는지 알아보고 싶었다. 팀과 주디는 주저했지만, 나는 앞으로 무슨 일이 닥치더라도 받아들일 준비가 되어 있는 상태였다. 이보다 더 중요한 일은 없으며, 죽거나, 총에 맞거나, 체포되어도 상관없다는 생각이 들었다. 나는 얼마나 많은 사람이 죽었는지 보고 싶었고 상황이 은폐되고 수습되기 전에 실제 도청 상황을 직접 눈으로 확인해야 했다. 8~9시쯤 집을 떠나 도청 쪽으로 향했다. 팀과 주디도 재빨리 합세했다.

거리에는 군인들만 있었다. 군인들은 몇 명 단위로 무리를 지어 거리를 지키고 있었다. 검문소를 설치하지는 않았지만, 도심에 가까워지면서 군인들이 행인들을 검문하거나 체포하는 장면들이 눈에 들어왔다. 우리는 경계를 서고 있는 군인에게 다가가 광주에 오게 된 이유를 물었다. 그들은 공산주의자의 반란을 진압하기 위해 왔다고 대답했다. 많은 군인들에게 똑같은 질문을 했는데, 돌아오는 대답은 똑같았다.

길에 늘어선 군인들과 탱크, 장갑차 외에도 끔찍한 전투가 있었음을 보여 주는 충격적인 증거들이 여기저기서 발견되었다. 금남로 길바닥 여기저기에 피웅덩이가 있었다. 도청에 가까워지면서 시체들이 보이기 시작했다. 서너 구씩 모여 있기도 했고, 한 구씩 떨어져 있는 경우도 있었다. 피로 흥건한 거리에서 일부 사망자들이 군인들에 의해 인도로 옮겨지고 있는 장면을 목격하기도 했다. 군인들에 의해 옮겨진 시체는 머리

군인들은 도심에서 시민들을 체포했고 이들은 포박을 당해 끌려갔다.

와 상체만 가려지고 발과 다리는 그대로 튀어나온 채 짚으로 짠 자루 위에 놓여 있었다. 도청에 도착할 때까지 우리는 15구의 시체를 확인했다.

유혈 사태가 최소화되길 바랐던 우리의 희망은 어긋난 듯했다. 우리 앞에 무엇이 전개될지 알 수 없었기 때문에 앞으로 무엇을 보더라도 마음을 단단히 먹어야만 했다. 도청에 도착하면 어떤 상황이 전개될 것인가? 군인들이 시체를 거리에 방치한 것은 일종의 본보기였을까? 나는 거리에서 발견한 시신과 이미 병원과 영안실에서 본 시신을 비교하며 최악의 상황에 대비하고 있었다.

도심에 가까워질수록 더 많은 탱크와 장갑차가 눈에 띄었다. 군인들이 체포된 시민들을 포승줄로 묶어 끌고 가는 장면이 눈에 들어왔다. 군인들은 저항이 불가능한 시민들을 발로 차고 총개머리판으로 때렸다.

군인들은 체포된 사람들은 집결 장소로 데려가 엎드리게 하고 발로 차고 고함을 질렀다.

도청에 도착했을 때, 도청은 탱크와 장갑차로 둘러싸여 있었고, 입구에는 기관총들이 거치되어 도로 쪽을 향하고 있었다. 도청 본관은 총탄 자국으로 얼룩져 있었고, 건물의 왼쪽에는 불에 탄 자국이 있었다. 여전히 연기가 피어오르고 있었다. 군인들은 도청 담을 따라 약 4미터 간격으로 보초를 서고 있었다. 도청 옥상과 본관 내부에도 군인들이 배치되어 있었다. 깨진 창문을 통해 군인들이 오가는 모습들이 보였다.

내가 도청으로 가려고 하자 팀과 주디는 일단 선교사촌으로 가서 사정을 알아보는 게 좋겠다고 말했다. 나중에 만나기로 하고 도청 앞에서 헤어졌다.

나는 도청 쪽으로 다가가 주변을 돌아보면서 도청 안의 파손 상태를 자세히 살펴보았다. 바닥에 남아 있는 탄피들을 살펴봤는데, 군인들이 사용한 M-16 탄피는 무수히 많았지만, M-1 탄피는 별로 많지 않았다. 나는 M-16 탄피 몇 개와 M-1 탄피 몇 개를 주워 주머니에 넣었다. 이 탄피들은 그후 며칠 간 내 주머니에 그대로 있었다. 도시의 다른 지역과는 달리 도청 인근의 거리에는 핏자국이 없었다.

도청 정문을 지키고 있는 군인에게 다가가 한국어로 "왜 여기를 지키고 있느냐?"라고 물었더니 다른 군인들과 똑같이 공산당의 폭동을 진압하러 왔다고 대답했다. 나는 내가 마주친 군인들에게 계속 같은 질문을 한 이유는 군 당국이 군인들에게 광주에서 일어난 일에 대해서 제대로 전달하지 않았을 것이라고 생각했기 때문이다. 그렇지 않고서야 군인들이 시민들에게 행한 잔인한 짓이 설명이 안 되었다. 나는 "정말 그렇게 생각하느냐?"라고 물었다. 나는 5월 21일부터 광주에 있으면서 지켜봤는데 북한의 간첩을 만난 적도, 이야기를 들어본 적이 없다고 말했다. 그 군인은 당황하면서 눈길을 다른 곳으로 돌렸으며, 나와의 대화를 매우 불편하게 여겼다.

그 군인에게 한국어로 말을 건넸을 때 처음에는 아무런 반응을 보이지 않아 이상했다. 그러나 내가 미국인이며 평화봉사단원이라고 소개하자 그는 다소 놀라는 표정을 지었다. 그 군인과 좀 더 이야기를 나눈후 "도청 안으로 들어가 좀 살펴봐도 되겠느냐?"라고 물었다. 이 군인은 어찌할 바를 모른 채 막으려고 하지 않았다. 다행스럽게도 이 군인 덕분에 도청 안에 들어가 여러 장면을 목격하고 기록할 수 있었다.

정문 안쪽에서는 연기가 피어올랐다. 나무 타는 냄새와 화약 냄새, 고기나 머리카락 타는 듯한 냄새가 막 뒤섞였다. 본관 전면 주변에는 건물 외벽에 총알이 명중해 떨어진 유리 조각 등 전투의 잔해가 널려 있었다. 총알 구멍을 살펴봤는데, 일부는 다른 구멍보다 커서 군인들이 M-16 이외에도 대구경 총을 사용했다는 것을 분명히 알 수 있었다. 건물 뒤편의 안뜰 쪽으로 걸어가다가 군인들이 15명쯤 되는 포로들을 지키고 있는 장면을 보았다. 그들은 땅에 엎드려 누워 있었다. 내가 그 앞을 지나가려고 하자 군인이 내 앞을 막으면서 영어로 "노"라고 말했다. 무슨 일이냐고 한국어로 물었더니 포로들이기 때문에 민간인과 접촉할 수 없다고 말했다. 이 포로들이 도청 안에서 잡힌 것인지 아니면 다른 곳에서 옮겨져 온 것인지는 확인할 수 없었다.

나는 건물 앞으로 다시 돌아와 건물 안으로 들어갔다. 들어가 보니 벽에 총알 구멍이 수없이 뚫려 있었다. 2층에는 건물 정면을 마주보고 있는 벽의 총알 자국은 그 높은 위치로 봐서 건물 밖 지면에서 발사된 것으로 보였다. 반면에 2층 내벽의 총알 자국은 가슴 높이에 있었으며,

2층으로 진입한 군인들이 발사한 총알이 분명했다. 주변의 잔해를 봐서 수류탄을 사용한 것으로 보였다. 군인들이 아직 주변을 정리하지 않은 상태였기 때문에 시신들은 사망한 장소에 그대로 놓여 있었다. 피로 가득한 웅덩이가 있었고, 부상당한 사람들이 끌려간 것으로 보이는 핏자국이 여기저기 보였다. 도저히 눈뜨고 볼 수 없었다. 이 중에는 내가 아는 사람도 있지 않았을까? 그들은 아직 젊은 학생들이었다. 시신들은 형태를 알아볼 수 없을 정도로 일그러져 있었다. 1층에서 본 시신 중 하나는 내가 며칠 전에 이 건물에서 만났던 사람임이 분명했다. 내가 아는 사람은 더 이상 없었으면….

계단을 오르기 시작하자 여기저기서 불탄 흔적이 보였다. 2층에 다다르자 창문 아래에 반쯤 탄 시신이 누워 있는 게 보였다. 기자들에게 미국 대사관에 연락해 달라고 요청하러 왔던 학생 대변인처럼 보였다. 2층에는 더 많은 시신이 있었다. 그중 두 구의 시신은 내가 금요일 밤에 만난 학생 대변인 옆에 있던 사람들이었다. 보고 있자니 고통스러워 견딜 수 없었다. 아홉 구의 시신을 확인했지만, 건물 전체를 둘러볼 기회는 없었다.

오전 10시가 되기 직전, 어느 군인이 나를 가로막으며 나가야 한다고 말했다. 무슨 일이냐고 물었더니 애당초 들어올 수 없는 곳이라는 답변이었다. 군인에게 밀려 건물 밖으로 나오자 헬기가 착륙하는 소리가 들렸다. 헬기는 도청 앞 광장에 착륙했는데, 고위급 장교가 경례 인사를 받으며 내렸다. 밖에서 보초를 서고 있던 군인에게 누구냐고 물었더니 이번 작전을 총괄하는 장성이라고 했다. 군인들이 그를 호위하고 있었다. 그때까지만 시신들이 치워지지 않고 제자리에 있었기 때문에 그 장성은 도청에서 무슨 일이 일어났는지 눈으로 확인했을 게 분명했다.

도청 안으로 다시 들어갈 수는 없었기 때문에 도청 외곽의 담장을 돌면서 사태를 더 확인하기로 했다. YMCA 건물 방향으로 이어지는 도로의 바닥에 핏자국이 흥건했고, 거기서 쌀가마니에 덮여 있는 시신을 목격했다.

오전 11시쯤 도청으로 다시 돌아와 보니 그 장군은 떠나고 없었다. 도청 안에 잡혀 있던 사람들은 대형 군용 트럭에 실려서 끌려가고 있었고, 시내의 다른 곳에서 체포된 사람들은 대열을 이루어 도청 안으로 들어오고 있었다. 정문으로 가보니 군인들이 외신기자들을 안으로 들여보내고 있었다. 군인들은 도청 여기저기에 흩어져 있는 시신들을 한 구씩 날라서 포로가 있던 도청 뒤편으로 옮기고 있었다. 정문을 통과해서 도청으로 안으로 들어갔다가 바로 돌아 나왔다. 감당하기가 너무 힘들었기 때문이었다. 인생의 황금기를 이렇게 마감해버린 내가 아는 청년들의 모습을 보게 될까 두려웠다.

광장으로 나오자 팀과 주디가 선교사 사택에서 돌아오고 있었다. 우리는 한동안 말을 하지 않았다. 팀이 선교사 사택에 도착하자 서울의 평화봉사단 사무실에서 전화가 왔었다고 한다. 평화봉사단 사무실은 우리를 선교사촌에서 픽업해서 서울로 데려갈 계획이었다. 선교사들은 다시 한번 우리에게 선교사 사택에 머물다가 서울로 갈 것을 제안했다.

"도청 안에 들어가 봤어?" 팀이 물었다.

"응. 너무 끔찍했어."라고 대답했다. 그리고 더는 말할 수 없었다. 내가 본 장면들을 말하려고 했지만, 감정이 복받쳐 올라 더 이상 말을 잇지 못했다.

도청에서 외신기자 몇 사람이 나오는 것을 보고 만나러 갔다. 외신기자들은 도청 옆 여관에서 군인들이 도청에 진입하는 장면을 목격했다. 그들 중의 한 사람인 테리 앤더슨은 군인들의 진압 작전 초기에 도청 옥상에 있는 군인을 발견하고 사진을 찍으려고 했는데, 한 군인이 그들 향해 총을 쐈고 황급히 바닥에 엎드려 살아남을 수 있었다. 우리는 그를 따라 여관 방으로 가서 무슨 일이 일어났는지 설명을 들었다. 테리 앤더슨이 우리에게 총알 구멍을 보여 주었는데, 대부분은 창문 주변의 외벽에 있었고, 몇 개는 방의 벽에 있었다.

외신 기자들은 나보다 먼저 도청에 들어가 17구의 시신을 확인했는데, 건물 전체를 둘러보기도 전에 강제로 나올 수밖에 없어서 도청 안에 정확히 몇 구의 시신이 있는지 확인할 수 없었다고 한다. 기자들과 약 1시간 정도를 보낸 후 나는 도청 이외의 지역에서 무슨 일이 일어났는지도 확인하고 싶었다.

한동안 아무 생각 없이 혼자서 노시 이곳저곳을 둘러봤다. 이른 오후, 안면이 있는 사람과 마주쳐서 혹시 내가 도울 일이 있느냐고 물었다. 그는 군인들의 감시를 피해 도피하고 싶었는데, 도중에 체포되지 않을까 걱정하고 있었다. 군인들은 미국인과 함께 있는 한국인은 검문하지 않을 것이므로 나와 같이 가자고 제안했다. 시내 곳곳에 군인들이 지키고 있었고, 심지어 도청 바로 앞으로 걸어갔는데도 우리들은 검문을 당하지 않았다. 얼마 지나지 않아 비슷한 도움이 필요한 청년들과 시민들을 발견하고 그들과 동행했다.

이런 노력을 한 탓인지, 사람들을 안전한 곳으로 도피시키기 위해 도움을 주는 외국인이 있다는 소문이 빠르게 퍼져나갔고, 몇몇 어머니는 나를 찾아와 지금 아들이 임시로 피해 있는데, 안전한 곳으로 데려가 줄 수 있냐고 요청하기도 했다. 체포 명단에 올라와 있는 사람들은 군인들의 감시를 피해 일단 광주를 빠져나가야만 했다. 나는 한 번에 한 명씩 동행하면서 산책을 나온 것처럼 위장했고, 의심받지 않도록 천천히 다른 장소로 이동했다.

도청으로 돌아와 몇몇 기자와 다시 만났다. 잠시 대화를 나누었지만, 보도가 될 경우 문제가 될 수 있기 때문에 내가 취한 행동에 대해서는 아무런 언급도 하지 않았다. 나는 사람들을 여기저기로 피신시키면서 나머지 시간을 보냈고, 오후 4시쯤 팀의 집으로 돌아왔다. 팀과 주디도 비슷한 일을 했다는 것을 알게 되었다.

우리는 다음날 우리를 데리러 올 평화봉사단 사무소의 계획에 대해 이야기를 나누었다. 팀과 주디는 자신들의 집에 머물게 해 주겠다는 선교사들의 제안을 받아들이기로 했다. 군인들이 청년들의 체포에 나서고 있는 것을 걱정한 팀은 선재도 선교사 사택으로 데려오고 싶어했다. 평화봉사단 사무실은 이동 도중에 수색을 받을 수 있기 때문에 필수품만 챙겨오고 지난 열흘간의 사건에 관련된 그 어떤 것도 소지하지 말라고 당부했다. 팀의 집에서 선재 어머니가 해 준 저녁을 먹은 후 우리는 선재와 함께 선교사촌으로 갔다. 선재로서는 일주일만의 외출이었다.

일단 선교사 사택에 도착해 자리 잡은 후 팀과 선재는 주변을 둘러보기 위해 잠시 산책을 나섰다. 여전히 위험했지만, 긴장감은 많이 사라졌다.

그날 저녁, 팀과 주디 그리고 나는 밤을 새워 우리가 겪은 일들을 메모했다. 우리가 겪은 사건들이 머릿속에서 맴돌고 군인들이 청년들이 숨어 있을 수도 있는 선교사 사택을 수색할 것이라는 소문도 있어서 매우 힘든 밤을 보냈다. 하지만 운 좋게도 그런 일은 일어나지 않았다. 늘 그러했듯이 잠들 때쯤에는 기력을 완전히 잃어버렸다.

## 13. 결과

5월 28일 수요일부터 6월 2일 월요일

**5월 28일 수요일**

우리는 일찍 일어났다. 집에 음식이 좀 있었는데, 다른 사람들은 계란과 시리얼을 먹었고, 나는 커피로 대신했다. 선재 어머니는 우리가 광주를 떠나기 전에 선재를 집으로 돌려보내 주기를 원했기 때문에 우리는 그를 집까지 바래다 주었다. 나는 선재에게 집에 머물 수 있게 해 주어서 고맙다고 감사를 표했고, 어머니에게 작별 인사를 전해달라고 부탁했다. 그를 집까지 바래다 준 후 팀은 선교사 사택으로 돌아왔다.

오전 10시쯤 밴 한 대가 집 밖에 정차했다. 안에는 한국인 운전사와 미국 평화봉사단 관계자가 타고 있었다. 그 직원은 지난 10일의 사건과 관련된 그 어떤 것도 소지해서는 안 된다고 다시 강조했다. 우리는 지시를 무시했다. 팀은 우리의 목격담을 기록한 메모와 성명서인 〈우리는 왜 무기를 들었는가〉의 사본을 소지하고 있었다. 내 가방 안에는 현상되지 않은 필름 한 통과 전날 아침 도청 앞에서 주운 탄피가 들어 있었다. 우리는 밴을 타고 서울로 직행할 것으로 생각했다. 그런데 고속도로로 가던 중 밴이 갑자기 방향을 틀어서 우리는 서로 바라보며 '어디로 가는 거지?' 하고 의아해했다. 밴은 광주 외곽에 있는 한 동네로 들어갔고, 어느 집 앞에서 멈추었다. 우리는 또 다른 평화봉사단원 한 명이 밴으로 들어오는 것을 보고 놀랐다. 그녀는 항쟁 기간 내내 집에 머물러 있다가 아침 일찍 평화봉사단 사무실에서 전화가 와서 집에서 기다리고 있었다.

서울까지는 5시간 정도 걸렸는데, 지난 10일간의 사건을 머릿속으로 정리하느라 눈 깜짝할 사이에 지나갔다. 평화봉사단 단장인 제임스 메이어James Mayer가 우리를 기다리고 있었다. 오후 4시쯤 평화봉사단 사무실에 도착해 위층으로 안내를 받았다. 우리를 기다리던 메이어 단장이 회의실로 안내했다. 그는 마치 아버지와 같은 엄숙한 표정을 지으며 광주를 즉각 떠나라는 대사관의 지시를 따랐어야 했다고 말했다. 그런 다음 그는 각각 한 명씩 따로 면담하고 싶으니 밖에서 기다리는 동안 사무실 안의 다른 사람들과는 이야기를 하지 말라고 지시했다. 그와 단둘이 만난 건 그때가 처음이었다. 나는 그를 따라 그의 사무실로 들어갔다.

그는 문을 잠그고 나에게 앉으라고 권했다. 어디 다친 곳은 없냐며 사소한 질문을 하더니 "도청에서 하룻밤을 보냈어요?" 하며 단도직입적으로 물었다.

"네, 그렇습니다."라고 말했다. 내가 한 일이 옳았고, 평화봉사단 선서를 위반했다고 생각하지 않았기 때문에 거짓말을 할 생각이 없었다. 그는 동의하지 않았다. 광주에서의 나의 행동은 평화봉사단 정책에 위배되기 때문에 평화봉사단원으로서의 자격을 상실했다고 지적했다. 그리고 직접 사직서를 작성해서 제출하거나, 그게 싫으면 자기가 대신 작성한 사직서에 서명하라고 말했다. 그는 내가 무엇을 선택하든 더는 평화봉사단원은 아니라고 말했다. 그런 다음 그는 사직서를 직접 쓸 것인지 생각할 시간을 주겠다고 했는데, 나는 잘못한 게 없기 때문에 스스로 사직서를 쓸 생각이 없다고 바로 대답했다. 그렇다면 자기가 쓰겠다고 말했고 나를 회의실로 돌려보냈다.

회의실로 돌아와서 기다리고 있는 다른 동료들에게 내가 평화봉사단원직을 박탈당했다고 말했다. 팀은 믿을 수 없어 했다. 그는 광주에서 우리의 행동은 정치와 무관하며 단지 어려운 사람들을 도운 것 일뿐이라고 생각했다. 팀과 주디가 각각 단장과 만나고 있을 동안 나는 밖에서 기다렸다. 그들은 다행히 평화봉사단에 남을 수 있었다. 그런 다음 나는 다시 단장실로 불려갔다. 그는 나에게 서류를 내밀며 서명하라고 말했다. 순진한 스물네 살 청년인 나는 서명할 수밖에 없었다. 거절할 다른 방법이 없었다.

그런 다음 그는 한국 정부가 나의 광주 행적을 모두 알고 있으며 위해를 가할 수도 있다고 암시를 주었기 때문에 평화봉사단과 미국 대사관은 더 이상 안전을 보장할 수 없다고 말했다. 나는 믿기 어려웠다. 나중에 나는 팀에게 이 사실을 말하면서 웃기까지 했다. "한국 정부가 어떻게 나를 해칠 수 있지?" 한국 정부로부터 협박을 받을만한 행위를 하지 않았다고 생각했기 때문이었다. 우리가 한 것이라고는 외신기자들을 도와 주고 부상자들을 돌본 게 전부였다. 게다가 한국 정부가 미국인들은 표적으로 삼을 이유도 없었다. 가능한 한 빨리 한국을 떠나라고 나를 협박하려는 전략임이 분명했다.

사직서에 서명하자 메이어 단장은 영암으로 돌아가서 짐을 챙기라고 말했다. 또한 평화봉사단 전용 여권을 폐기하고 새 여권을 발급받아야 했다. 그는 비행기표를 살 돈을 원하는지 아니면, 봉사단 사무실에서 표를 사 주기를 원하는지 물었다. 나는 한국에 머물 방법을 찾고 있었기 때문에 돈으로 달라고 말했다. 떠날 이유가 없었고, 광주에서 일어난 일이 여전히 걱정되었다. 떠나는 것은 너무 쉬운 일이었다. 그러나 광주에는 떠날 곳이 없는 수많은 사람이 있었다.

"대사관에 가서 우리가 본 것을 사실대로 말하자." 내가 제안했다. 우리는 대사를 만나기로 결정했다. 우리는 미국 정부의 대처에 화가 났었고, 미국 정부는 우리가 목격한 만행을 듣게 되면 경악할 것이라고 확신했다. 그날 저녁 우리는 사건에 대한 설명에서 무엇을 포함하고 생략할 것인지에 대해 논의했다. 우리는 특정 정보를 공유하게 되면 우리에게 어떤 영향이 돌아올지도 걱정해야 했다. 솔직히 말해서 우리는 누구를 믿어야 할지 확신이 서지 않은 상태였다. 내 글씨체는 읽기가 어려웠기 때문에 팀이 대부분의 글을 작성했다.

**5월 29일 목요일**

다음 날 아침, 팀과 주디 그리고 나는 단장의 숙소를 떠나기로 하고 평화봉사단의 사무실이 있는 광화문 근처의 여관에 방을 얻었다. 이른 오후에 팀과 나는 우리가 정리한 노트를 가지고 미국 대사관으로 걸어갔다. 해병대가 지키고 있는 정문을 지나 1층 경비 데스크로 갔더니 경비병이 무슨 일이냐고 친절하게 물었다. 우리가 이유를 설명했더니 그는 위층에 전화를 걸었다. 5분 후 대사관 직원이 나타났다. 우리는 신분을 밝히고 서면으로 작성한 우리의 목격담을 대사에게 전달하고 대화를 나누고 싶다고 말했다. 그는 대사는 지금 우리와 이야기할 시간이 없으며, 대사관은 이미 광주에서 일어난 모든 일을 알고 있기 때문에 굳이 추가로 설명을 들을 필요가 없다고 말했다. 현재로서는 우리의 도움이 크게 필요하지는 않다고 말하고 위층으로 향했다. 우리는 우리가 작성한 노트를 대사에게 전해 줄 것을 재차 요청했다. 그는 그럴 의사가 없다고 말했으나 거의 반강제로 메모를 그의 손에 쥐어 주었다. 그는 돌아갔고 우리도 대사관을 나왔다.

광주에서 일어난 일에 대해서는 함구하라는 지시가 있었으나, 그후 며칠 동안 우리는 우리가 겪은 일을 궁금해하는 다른 동료들과 여러 이야기를 나누었다. 평화봉사단원이 광주를 떠나기를 거부했다는 사실은 동료들 사이에 빠르게 퍼졌다. 우리는 수가 적었기 때문에 신원은 금방 알려졌다. 특히 나는 이제 더는 평화봉사단원이 아니었기 때문에 자유롭게 이야기할 수 있었다. 우리는 다방이나 술집 등에서 동료들과 어울리면서 우리가 목격한 사건들을 공유했다.

### 5월 30일 금요일

금요일 아침 나는 공중전화로 가서 〈뉴욕타임즈〉의 헨리 스콧 스톡스가 건네 준 명함의 전화번호로 전화를 걸었다. 광주에서 일어난 일을 알려 주고 싶었기 때문이었다. 조선호텔에서 그를 만나 커피를 마시며 대화를 나누었다. 그는 우리가 취한 행동 때문에 평화봉사단원직에서 물러날 수도 있다는 말을 듣고 크게 놀라지는 않았다. 그러나 나 혼자 그렇게 되었다는 사실을 알고는 의외라는 표정을 지었다.

우리의 목격담을 듣고 싶어하는 다른 사람들이 있었다. 금요일에 여관 마당에 있는데 전화가 왔다. 우리가 당시에 광주에 체류하고 있었고 그 이유 때문에 내가 평화봉사단을 그만두게 되었다는 소식을 들은 미국인 선교사였다. 여성이었는데 우리가 머물고 있는 여관도 이미 알고 있었다. 우리의 거처를 알고 있다는 사실이 놀라웠는데, 그만큼 우리의 소식이 빨리 퍼져 나가고 있음을 보여 주는 증거이기도 했다. 그 선교사는 광주에서 무슨 일이 일어났는지 자세히 알고 싶어했다. 그래서 그날 오후 다방에서 바로 만나기로 약속했다. 월요기도 모임(Monday night group)의 회원인 수 라이스Sue Rice를 그렇게 만나게 되었다. 월요기도 모임은 외국인 선교사들의 모임이었는데 1970년대에 한국의 반체제 민주인사들과 함께 일하면서 박정희 독재의 인권 탄압 실상을 미국과 세계 각국에 알리는 일을 하고 있었다. 수 라이스와 남편인 랜디Randy Rice는 인천과 서울 등지에서 노동자 운동에도 적극적으로 참여하고 있었다.

나는 정신과 의사 출신인 수 라이스가 우리의 정신건강 상태가 걱정되어 평화봉사단과 대사관에 연락하여 돌봐주겠다고 제안했다는 사실을 알게 되었다. 그녀는 광주에 남아 있는 평화봉사단원들은 자신들이 목격한 사건 때문에 트라우마를 겪을 수도 있기 때문에 처치가 필요하다고 본 것이다. 그러나 평화봉사단과 대사관은 이런 제안을 묵살했다.

나를 수소문한 수 라이스는 동료 평화봉사단원들을 접촉해서 내가 묵고 있는 여관을 알아내고 전화를 걸어 온 것이었다. 첫 만남 후 다음에는 수 라이스의 남편과 함께 다시 만나기로 약속하였다.

그러는 사이 나는 서울 여기저기를 돌아다니면서 생각을 정리하고 앞으로 어떻게 살 것인지를 궁리하였다. 이 과정에서 보단의 도움을 받았다. 보단이 나를 만나고 싶어한다는 연락을 받고 왜관에 있는 그에게 전화를 걸었다. 보단 역시 광주에 있는 몇몇 평화봉사단원이 광주를 떠나기를 거부했다는 소식을 들었고 그중에 팀과 내가 포함되어 있을 것이라고 생각했다. 그는 우리의 안전이 걱정되어 광주로 오려고도 했었다.

그는 내가 평화봉사단에서 해직되었다는 소식을 듣게 되었고 그래서 내 소식이 더 궁금하기도 했다. 그는 메릴랜드대학교에 소속되어 왜관에 있는 캠프 캐롤에서 군인들에게 읽기와 수학을 가르치는 일을 막 시작했다. 내가 졸지에 실업자가 된 사실을 알게 된 그는 자기 상사에게 나를 추천해서 그곳에서 일할 수 있도록 주선해 주었다. 용산기지에 있는 대학 본관의 행정처를 방문해서 필요한 서류만 제출하면 일을 할 수 있게 되었다. 그러나 한국 정부가 나에게 비자를 발급해 줄지는 불투명했다.

## 5월 31일 토요일부터 6월 2일 월요일

토요일 밤 나는 팀과 다른 여러 평화봉사단원 동료와 함께 이태원에 갔다. 훌륭한 음향 시설을 갖춘 클럽에서 시작해서 해밀턴호텔의 건너편에 있는 바로 옮겨서 술을 제법 마셨다. 통금 시간이 다가오자 팀과 나는 가까운 여관에 머물기로 했다. 우리는 머뭇거리다가 통행 금지가 시작된 직후에 광주에서 즐겨 듣던 저항가요를 흥얼거리면서 이태원 거리를 걸었다. '전두환 물러가라,' '김대중 석방하라' 등의 구호가 섞인 우리의 노래를 듣던 한국인들은 매우 당황한 눈치였다. 다행히 거리에 사람은 많지 않았고 경찰은 술에 취한 외국인임을 알고 무시해 버렸다. 돌이켜보면 좋은 생각은 아니었으나 기분은 확실히 좋았다. 사실, 팀과 내가 서울에서 이런 행동을 한 것은 그 후에도 여러번 있었다.

서울에 머무는 동안 주디, 팀 그리고 나는 많은 시간을 함께 보냈다.

우리는 모두 비슷한 경험을 공유하며 끈끈한 유대감을 형성했기 때문이었다. 서로의 심정을 미리 짐작할 수 있어서 감정에 압도되지 않고 함께할 수 있었다. 6월 2일 월요일 주디와 팀은 서울을 떠나 광주로 돌아갔다. 앞으로 한국에 계속 머무를 수 있을지 확신할 수 없었기 때문에 두 사람이 떠나는 모습을 보기가 편치는 않았다. 팀과 연락처를 교환하고, 사정 변화가 생기면 서로 소식을 주고 받기로 했다. 다시 만날 수 있기를 바라면서 헤어졌다.

제3부

광주 이후의 삶

## 14. 다시 발견하기

1980년 6월부터 8월

팀과 주디가 떠난 후 6월 2일, 나는 라이스 부부를 만나 광주에서 내가 목격한 사실에 대해서 많은 이야기를 나누었다. 그들은 한국의 반체제 인사, 선교사 그리고 여러 활동가들에게 광주의 소식을 알리기 위해서 자세한 진상을 파악하고 싶었다. 정신과 의사인 수 라이스는 나에게 경험을 공유할 수 있는 기회와 서로 대화할 수 있는 자리를 마련해 줌으로써 결국 광주 때문에 내가 받은 정신적 충격을 벗어날 수 있는 정신과적 치료를 제공한 것이나 마찬가지였다. 수와 랜디는 내가 서울에 올 때마다 안전하게 머물 수 있도록 자신의 집을 숙소로 제공하겠다고 제안했다.

생각해 보니, 서울을 와야 할 이유가 많았다. 내가 캠프 캐롤에서 일하게 되었다고 말하자 그들은 캠프에 있는 육군우체국(APO)을 이용하면 한국 정부의 검열을 피해서 광주 관련 정보를 안전하게 국외로 반출할 수 있다는 사실에 주목했다.

"미국으로 바로 연결되는 APO를 이용해서 자료를 보낼 수 있겠어요?"라고 수가 물었다.

"물론입니다. 이렇게라도 도울 수 있으면 좋겠습니다." 내가 대답했다.

월요기도 모임의 또 다른 미국인 회원인 문혜림 여사Faye Moon가 반체제 활동 정보의 미국 연락망을 맡아 왔는데 미국으로 돌아가야 했기 때문에 그 역할을 내가 대신하게 된 것이다. 문혜림 여사는 목사이자 반체제 활동가인 문익환의 동생인 문동환의 부인으로 거의 20년 동안을 한국에서 보냈다.

다음 날, 나는 새 직장에 제출할 서류를 작성하기 위해서 용산기지에 다녀온 후 수와 랜디를 만나 저녁 식사를 함께 했다. 수와 랜디는 내가 광주에서 목격한 것과 이제는 평화봉사단원 신분이 아니라는 사실을 고려할 때 보안 당국에서 나를 감시하고 있을지도 모른다고 했다. 그들은 이미 이러한 일에 익숙해져 있었다. 그들도 감시를 받고 있었고, 주변의 누군가가 밀고자 역할을 하고 있다는 사실도 잘 알고 있었다. 노골적으로 감시를 당할 수도 있다며 수가 걱정했다. 감시의 목적은 나를 겁주는 데 있었다.

다음 날인 수요일, 새 여권을 받기 위해서 미국 대사관에 갔다. 여권 발급을 거부당하고 강제로 한국을 떠나게 될까 봐 두려웠으나, 다행히 아무런 문제없이 새 여권을 발급받았다.

그러나 한국 정부가 비자 발급을 거절할 수도 있었기 때문에 아직은 안심할 단계는 아니었다. 운이 따라준 탓인지 나는 아주 적절한 시간에 비자발급사무소에 도착했다. 근무자가 한 명뿐인 점심시간이었다. 내가 들어가자 그 직원은 영어로 말해야 한다는 부담감 때문에 긴장하는 모습이 역력했는데, 내가 한국어로 말하자 다행이라는 듯이 미소를 지었다. 전직 평화봉사단원으로 한국에 더 체류하고 싶어서 새 여권으로 발급받았다고 설명했다. 당시에는 흔하지 않은 일이라 그는 내가 감시 대상인지도 확인하지도 않고 2년짜리 취업비자를 내주었다. 10분도 채 걸리지 않았다. 걱정을 했지만 모든 게 순조롭게 진행되었다. 나는 새 여권과 비자를 받게 된 것이다.

다음으로 해야 일은 영암으로 가서 내 물건을 챙기는 것이었다. 그날 오후 광주로 가는 버스를 탔다. 광주에 도착해 시내를 돌아봤다. 거리는 다시 사람들로 가득 찼지만 긴장이 가득했고 모두 걱정스러운 얼굴을 하고 있었다. 결핵관리본부 건물로 가는 길에 항쟁 기간에 얼굴을 익혔던 학생 한 사람과 마주쳤다. 우리 둘은 서로 아는 척하면 곤란하다는 걸을 알고 있었기 때문에 고개를 돌리지 않고 눈빛만 교환했다. 수와 랜디가 나에게 말했던 것처럼 누군가가 나를 감시하고 있을지도 모르기 때문에 이렇게 할 수밖에 없었다. 광주에서 만난 사람들과 연락을 하게 되면 위험에 처할 수 있기 때문에 일단은 접촉을 끊어야만 했다.

광주에서 하루를 보낸 다음, 짐을 꾸리고 보건소의 직원들과 작별인사를 나누기 위해서 영암으로 갔다. 사무실에 도착하자 모두 깜짝 놀랐다. 평화봉사단 본부에서 미리 보건소로 전화를 해서 내가 광주에서 했던 일 때문에 평화봉사단에서 해촉되었으며 미국으로 떠나야 한다고 알려 주었다. 나를 동생처럼 생각하던 간호사들이 모두 나를 걱정해 주었고, 제정신이냐고 묻는 사람들도 있었다. "무슨 생각으로 광주에 머물렀던 거야?" 하고 많은 사람이 물었다. 나는 대답할 수 없었다. 몇 달 후 나는 보건소 동료 한 사람에게 편지를 써서 내가 물러난 이유를 자세히 설명했다. 그의 아들이 나에게 답장을 보내서 "아버지가 당신 때문에 화가 많이 나 있었다."라고 썼다. 나는 그가 나의 안전이 걱정되어서 그랬던 것이라고 생각했다. 그를 2010년에 다시 만났는데, 그는 당시에 광주를 떠나기를 거부한 당신을 매우 자랑스럽게 생각한다고 말했다. 시대가 그렇게 변한 것이다.

숙소에서 짐을 싸서 우체국에 갔다. 나를 잘 알고 있는 직원들은 미국 집으로 보낼 짐을 소포로 보낼 수 있도록 도와 주었다. 일주일 후에 가게 될 왜관에도 여행용 가방 두 개를 우편으로 보냈다. 나는 많은 짐을 영암 집에 그대로 놔두고 하숙집 주인에게 뒤처리를 부탁했다. 영암에서 1박을 하고 왜관으로 향해 금요일 오후에 도착했다. 나는 보단의 집에 머물면서 그의 아내와 함께 지난 몇 주간의 경험을 서로 이야기했다. 그들은 내 건강과 안전을 크게 걱정하고 있었다.

다음 날 K-45 소속의 단원인 스티브Steve와 캐롤린Carolyn이 만나러 왔다. 우리는 교육을 같이 받으면서 알게 되었고 지난 2년 동안 서울에서 수시로 만나던 사이였다. 그들은 대구 근처에서 활동하고 있었는데, 내가 광주에 있었고 평화봉사단을 사직하게 되었다는 소식을 듣고 무슨 일이 일어났는지 듣고 싶어 찾아온 것이다. 나는 내가 목격한 사건들을 길게 이야기했다. 그들은 며칠 후면 한국을 떠나게 되는데, 나에게 들은 이야기를 해외에 알리고 싶다고 말했다. 나는 항쟁 당시에 36장 정도의 사진을 찍었고, 광주를 떠나면서 가지고 나왔다. 스티브와 캐롤린은 그 사진을 해외로 가져가서 배포하겠다고 제안했다.

스티브와 캐롤린에게 네거티브 필름을 넘기기 전에 현상해놓고 싶었지만, 시중의 현상소를 이용하게 되면 사진이 한국의 보안당국에 넘어갈 우려가 있었다. 다행스럽게도 사진이 취미인 보단 덕분에 기지의 암실을 이용할 수 있었다. 보단에게 사진 현상을 부탁했는데, 불행히도 필름의 절반 이상이 제대로 현상되지 않았다. 그럼에도 귀중한 사진 몇 장은 건질 수 있었다.

이 계획이 진행되는 동안 스티브와 캐롤린은 잘 알고 지내는 세바스티안 하인리히 로스러Sebatian Heinrich Rothler에게 나를 소개했다. 그는 왜관에서 15년간 선교 활동을 하고 있는 독일인 신부였다. 그는 반체제 운동과 관련되어 있었고, 수배자들을 숨겨 주는 활동도 했다. 박정희를 비판하는 책을 출간했는데 판매가 금지되기도 하였다. 그는 나중에 자신의 책을 몇 권 나에게 주면서 이 책을 소지하는 것은 불법이기 하지만 주변에 관심이 있는 친한 친구가 있으면 나누어 주라고 당부하기도 했다. 스티브와 캐롤린은 그를 통해 광주에서 일어난 일을 어렴풋이 알고 있었다. 왜관에 있으면서 니는 그와 몇 번 더 만나곤 했다. 나중에 알고 보니 그는 라이스 부부, 월요기도 모임과도 연결되어 있었다.

스티브와 캐롤린은 하룻밤을 보내고 내가 작성한 목격담과 네거티브 필름을 가지고 돌아갔다. 그들은 6월 10일에 한국을 떠났고 그렇게 해서 내 사진의 세계여행이 시작되었다. 그들은 먼저 도쿄로 가서 관심 있는 단체들과 접촉하려고 했으나 뜻대로 되지 않았다. 그런 다음 스톡홀름으로 가서 가명을 사용해 기자회견을 열었고 광주에서 일어난 만행을 알렸다. 그들의 인터뷰는 7월 15일에 〈AFPAgence-France-presse〉와 스웨덴 신문 〈다겐스 뉘헤테르Dagens Nyheter〉에 실렸고, 이어서 〈AP통신〉은 7월 20일과 22일에 2개의 기사를 게재하였다.

기사가 나가자 스톡홀름 소재 한국 대사관은 해당 기사의 출처를 확인하기 위해 노력했고, 한국 외교부는 7월 19일에 주한 미국 대사관에 연락해서 "매우 유감스럽다."라는 입장을 밝혔다. 한국 외교부는 〈AFP〉

의 기사를 수정해 주도록 미국 정부에 압력을 행사했지만, 미국 대사관은 스티브와 캐롤이 평화봉사단원으로 한국에서 활동했음을 확인했으나 이를 거절했다. 스티브와 캐롤린는 결국 미국으로 돌아와서 〈밀워키 저널Milwaukee Journal〉의 기자와 접촉했고, 그 기자는 1980년 8월 12일에 "3인조, 한국의 분쟁 상황 사망자 수에 논란을 제기하다 Trio dispute death toll in Korean strife"라는 제목의 기사를 게재했다. 그 기자는 사실관계를 확인하기 위해 왜관에 있는 나에게 전화를 걸어 몇 가지 질문을 했다. 스티브와 캐롤은 〈커버트 액션 인포메이션 블레틴Covert Action Information Bulletin〉이라는 잡지의 1980년 12월호에 내가 찍은 사진 몇 장이 실린 글을 게재하였다.

    한국 정부는 우리의 목격담이 밖으로 퍼져 나가지 않도록 여러 가지로 압력을 행사했다. 한국에 남기를 원했던 팀은 평화봉사단 일을 1년 더 연장하고 여름에 미국 집을 방문했다. 1980년 8월 그가 한국에 돌아와 서울에서 만났는데, 그는 한국 정부 관리들이 미네소타에 있는 그의 부모 집을 찾아와 "아들이 조용히 지낼 수 있도록 단속하라."고 말했다는 이야기를 들려주었다. 또한 입대를 앞둔 선재의 상황을 이용해 선재 어머니를 협박하는 등 팀을 간접적으로 압박하기도 하였다.

## 15. 반정부 인사와 접촉

### 1980년 9월부터 1981년 7월

이런 일들이 일어나고 있는 동안 나는 왜관에 거주하고 있었다. 보단은 아내와 함께 살고 있는 셋집으로 이사할 수 있도록 주선해 주었다. 식사는 보단의 아내가 대신해 주었다. 셋집은 캠프 캐롤에서 도보로 약 15분 거리에 있었고, 시내 중심에서 가깝지만 미군들이 자주 드나드는 지역과는 조금 떨어져 있었다.

    나는 메릴랜드대학교에 소속되어서 군인들에게 읽기와 수학을 가르쳤다. 또한 미군에 속한 한국 군인인 카튜사에게 미국 문화를 가르쳤다. 카츄사 군인들은 항상 예의 바르게 행동했지만, 미군들은 그렇지 못했다. 눈살을 찌푸리게 만드는 미군이 주변에 많았다. 수업 중에 흥미로운 사람들을 만나기도 했다. 가르치던 학생 중에 매우 인상적인 군인이 하나 있었는데, 그는 한국에 대해 관심을 가진 거의 유일한 미군이었다. 고등학교도 졸업하지 못했지만 매우 똑똑했던 그는 한국 여성과 결혼해서 작은 마을에서 아내와 함께 살고 있었다. 그는 한국어를 유창하게 구사했고, 검정고시를 거쳐 대학 과정을 수강하기를 원했다. 나는 그에게 "한국어를 이렇게 구사할 수 있으니 충분히 가능하다. 원하는 것은 무엇이든 할 수 있을 것이다."라고 격려했다. 이런 학생들을 가르치는 것은 보람 있는 일었지만, 시간은 무료하게 흘러갔고 피곤했던 것도 사실이다.

왜관에 있을 때, 형사가 나를 감시하고 있음을 확인하게 되었다. 나는 인적이 드문 논에서 산책하는 것을 좋아했기 때문에 그가 미행하고 있다는 것을 쉽게 눈치챌 수 있었다. 그는 또한 내가 살고 있는 집 주인과 이야기를 나누기도 했다. 당시에는 보안당국이 수배를 피해서 광주에서 빠져나온 사람들을 찾고 있었기 때문에 그 형사는 내가 누구를 만나는지를 알고 싶어했을 것이다.

내가 한국의 반체제 인사들의 네트워크에 비밀리에 참여하게 되었다는 점을 고려하면 당국이 나를 주시할 이유는 충분했다. 한 달에 한 번 정도 서울에 올라갔고, 수와 랜디가 머물 곳을 제공해 주어서 선교사들과 교류하는 데 많은 시간을 보냈다. 다양한 정보망을 활용하여 선교사들은 서울뿐만 아니라 전국 각지의 소식을 나에게 전해 주었다. 나는 우편으로 미국으로 보낼 자료들을 여러 차례 넘겨받았다. 이 자료들은 한국을 떠나 미국으로 가는 사람들을 통해 해외로 전달되기도 하였다. 나는 보통 한 달에 한두 번 이 자료 뭉치들을 우편으로 주고받았다. 보내온 자료는 대부분 광주 소식이나 인권 침해 실상에 관한 것으로 문혜림 여사, 라이스 부부 등과 같은 선교사나 해외에 연락망을 가지고 있었던 반체제 인사들의 부인들에 의해 국외로 반출되었다. 나는 주로 워싱턴 D.C.에서 한국의 민주화와 인권신장을 위해 활동하고 있는 단체에 군사우편으로 보냈고, 문혜림 여사가 미국으로 돌아간 후에는 뉴욕에 있는 그녀의 집으로 우편물을 보냈다.

한국 정부를 비판하는 모든 외국 뉴스 보도는 검열되거나 금지되었기 때문에 선교사들은 이런 기사의 원본이 실린 잡지나 보고서들을 한국으로 반입해 주기를 원했다. 나는 이런 문건들을 미군부대 등에서 입수해 서울 방문 때 가지고 올라가 전해 준 다음 국외로 반출할 문건들을 받아왔다. 미국인 신분이면 일단 수색을 피할 수 있었기 때문에 이런 자료들을 가지고 다니면서도 애써서 숨기지는 않았다. 나를 따라다니는 형사도 이런 일은 막지 못했다.

갈릴리교회는 이런 과정에서 내가 접한 무척 흥미로운 장소들 중의 하나였다. 이 교회에는 투옥 중인 반체제 인사들의 부인들과 어머니들이 많이 참석하였다. 수의 소개로 1980년 10월에 처음 방문하였으며, 그 뒤로 두어 번 더 찾아갔었다. 여성들을 위한 교회였고 남성 선교사들도 없었기 때문에 남자는 나 혼자인 경우가 많았다. 이 교회에서 나는 한국 여성들이 가지고 있는 놀라운 힘을 발견했다. 어리석은 한국 정부는 남편들이 감옥에 갇혀 있는 동안 선봉에 서서 민주화 투쟁을 이어 갔던 여성들의 힘을 제대로 인식하지 못하고 있었다. 정말 놀라운 분들이었다. 십수 년이 지난 후 다시 만날 기회가 있어서 당시의 이야기를 했더니 그분들은 눈물을 글썽였다.

1980년 12월 그곳에서 열린 기도회에 참석했는데 문익환 목사의 부인인 박용길 장로가 한 파티에 나를 초대했다. 당시 문익환 목사는 5월 17일에 체포된 여러 반체제 인사의 한 명으로 여전히 수감 상태에 있었다. 여느 반체제 여성과 마찬가지로 박용길 장로는 자신을 사찰하는 형사가 누군지 잘 알고 있었는데, 자기가 가는 곳을 미리 알려 주거나 음식도 나누어주기도 하였고 비가 오면 안에 들어와 쉬라고 권하는 등 그의 임무 수행이 힘들지 않도록 배려하였다. 그 형사는 이러한 친절에 대한 보답으로 그 파티에 크리스마스 케이크를 보냈는데, 우리는 그날 오후 이 케이크를 먹으면서 시간을 보냈다. 그날 참석한 김지하 시인의 어머니는 아들이 갑자기 석방되었다고 전했다. 김대중이 사형선고를 받았다는 점을 감안하면 예외적인 일이었다. 체포된 반체제 인사들은 전국의 교도소로 분산 수감되어 가족들의 방문을 어렵게 했고, 수감된 인사들이 단식투쟁을 하지 못하도록 철저하게 격리하고 감시하였다.

그 주말에 나는 항쟁 이후 세 번째로 광주를 방문하였다. 지난 9월에 방문했을 때보다 분위기는 좋아졌지만 여전히 긴장이 감돌았다. 5.18 이후 광주를 다섯 번 정도 방문하면서 팀을 자주 만났지만, 가끔은 지난 5월 그곳에서 있었던 일을 머릿속으로 정리하려고 혼자 도시를 돌아다니기도 하였다. 1월에 방문했을 때에는 미국문화원에 방화 사건이 있었음을 알게 되었다. 수를 통해서 5명의 학생이 방화 혐의로 체포되었고, 최소 300명의 공안요원이 전남대학교에 배치되어 학생들을 감시하고 있다는 사실을 알게 되었다.

나는 한국 정부의 이러한 폭압적인 감시 체제를 가까이서 경험했다. 당시 보단은 아내인 영숙에게 사진 기술을 가르치고 있었다. 어느 날 아침 영숙이 시장에 나가 사진을 찍었는데, 그날 오후 경찰이 집으로 찾아와서 집주인에게 여기 사는 여자가 시장에서 사진을 찍었다는 제보를 받았다며 '간첩'이 어디에 있느냐고 물었다. 그 여성이 시장에 와서 가난한 사람들의 모습과 같은 나쁜 장면을 찍고 있기 때문에 불순분자로 생각한 것이었다. 운 좋게도 집주인이 전직 경찰관이어서 무마되었지만, 이 사건은 우리에게 일종의 밀실 공포 수준의 불안감을 안겨 주었다.

나는 매주 부모님에게 보내는 편지에 이런 이야기들을 담았다. 부모님은 광주 철수 소식 듣고 난 이후 평화봉사단으로부터 내 안부에 대해서 아무런 연락을 받지 못해서 많이 당황했지만, 그 외는 별로 걱정하지 않았다. 부모님은 광주에 남아 있기로 한 내 결정과 그 후의 선교사들과의 관계를 퀘이커교의 가르침에 부응하는 것으로 이해하였다. 군사우체국을 통해 발송된 우편물은 한국 정부가 검열하지 못했기 때문에 나는 부모님께 보내는 편지에 김대중 재판과 그의 사형 선고의 부당성을 지적하고 한국 정부와 미국 정부에 대한 압박이 시급하다고 적었다. 내 편지를 받은 어머니는 지역 신문의 편집자에게 편지를 썼고, 퀘이커교의 지역 모임에 한국 소식을 알렸고, 미국선린우호협회(American Friends Service Committee)와 연락을 취했다. 이 협회의 필라델피아 지부는 1979년에 〈코리아 리포드 Korea Report〉라는 이름의 뉴스레터를 발행했다. 이 뉴스레터는 평화봉사단 출신인 데이비드 이스터와 마우드 이스터가 편집했으며, 한국의 인권 상황과 전두환을 지지한 미국의 역할을 비판했다.

이런 가운데 나는 미생물학이나 신경생물학 쪽으로 박사과정에 진학하기 위해서 미국으로 돌아갈 결심을 했다. 나는 오랫동안 과학, 특히 미생물학에 관심을 두고 있었으며, 이미 보건과 위생 등의 과목으로 6학기 학점을 취득한 바 있었다. 특히 영암 보건소의 경험이 이 분야에 관심을 갖도록 만들었다. 결핵 분야에서 일을 하면서 전염병은 심각한 문제이자 전 세계의 많은 사람이 도움을 기다리고 있는 절박한 과제임을 알게 되었다. 영암 보건소에서의 경험은 초기의 정확한 진단만이 양질의 보건을 보장하는 길임을 가르쳐 주었지만, 이 분야에서 기여하기 위해서는 채워야 할 전문적 지식이 절실하게 필요했다. 나아가 광주항쟁 당시 많은 사람이 남을 위해 희생하는 모습을 보면서 나 자신이 아니라 소외되고 어려움을 겪는 사람을 돕는 이타주의적 삶의 숭고한 가치를 배웠다. 미생물학 박사과정은 이러한 나의 새로운 각성을 실천할 수 있는 지적 자산이 될 것으로 생각되었다.

캠프 캐롤의 도서관 등을 이용하면서 박사과정 진학 관련 자료를 모은 다음 1980년 하반기부터 지원서를 내기 시작했다. 외국에 있었기 때문에 절차가 더디고 힘들었지만, 군사우체국을 이용할 수 있어서 진학에 필요한 학교 정보 등을 원활하게 주고받을 수 있었다. 미국에 있는 부모님이 지원에 필요한 성적증명서 발급을 도와 주었고, 그 덕분에 10개 대학에 원서를 제출했다. 계획대로라면 6월에 한국을 떠나서 7월부터 오리엔테이션을 시작해서 학기를 시작할 수 있었다.

박사과정 진학을 위한 준비를 하면서 캠프 일은 점점 힘들어졌다. 특히 내가 캠프를 떠나게 되면 군사우체국을 이용해서 한국의 정보를 미국으로 보낼 수 없게 될 것이라고 생각하니 걱정이 되었다. 내 일을 대신할 수 있는 사람이 있을까?

1981년 계약 만료일인 3월까지 캠프 캐롤에서 일을 하다가 부산으로 자리를 옮겨야 했다. 3월 말에 이사를 했고, 캠프 힐리치의 독신자 장교 숙소에 머물렀다. 거기에서 만난 장교들은 대체로 친절했고, 가끔 술자리에 초대를 받아 참석했다. 2주 정도 강의를 했는데, 갑자기 서울에 있는 메릴랜드대학교 본부에서 전화가 와서 계약 연장이 불가하니 짐을 전부 꾸려서 서울로 오라는 통보를 했다. 이유를 말해주지 않았다. 시키는 대로 한 다음 서울에서 프로그램 담당자를 만나서 이유를 물으니 그는 머뭇거리다가 내가 미군 우체국을 통해서 불온 문서들을 미국으로 반출했기 때문이라고 말했다. 나는 기지에 있는 누구에게도 이런 말을 한 적이 없었기 때문에 누군가가 캠프 캐롤에서 내 우편물을 검열해 반체제 문서를 발견하였고, 일단 나를 부산으로 보내 격리시킨 다음 해고한 것으로 생각되었다.

메릴랜드대학교 일이 끝나면서 나는 평화봉사단 사무실 부근의 여관으로 옮겼고, 서울에서 영어를 가르치고 있는 전직 평화봉사단원과 연락했다. 나는 이제는 유명한 교수이자 번역가인 브루스 풀턴Bruce Fulton을 평화봉사단 시절부터 쭉 만났다. 그는 활동 기간이 종료된 후에도 한국에 남아 영어 강사로 일하고 있었고, 전직 평화봉사단원들이 영어 강사 자리를 얻을 수 있도록 도와 주고 있었다. 그는 대단히 친절한 사람이었다.

그는 회사원, 특히 중동 지역에 진출한 회사에서 일하는 사람들을 위한 영어 강사 자리를 알선해 주었다. 나는 회사의 강당에서 오전과 오후반을 맡아 가르쳤다. 서울역 건너편에 있는 대우빌딩, 종로에 있는 회사 등으로 출강했다. 대체로 한 시간에서 세 시간 정도 가르쳤는데, 중동 건설 현장에 파견되는 직원들을 대상으로 현지에서 사용할 영어를 습득시키는 게 목적이었다. 현지에서 사무직에 종사할 젊은 여성 몇 명을 제외하면 수강생 대부분은 남성이었다.

영어 수업은 즐겁기는 했으나, 내 흥미를 끌지는 못했다. 펜실베이니아대학교의 와튼 경영대학원에서 공부한 적이 있는 전직 고위공무원들을 비롯해서 매우 인상적인 사람들을 가르치기도 했다. 부대에서 가르쳤을 때와 마찬가지로 억지로 수업에 나오는 사람들도 있었다.

4월 중순, 나는 문익환, 문동환의 부모인 문재린, 김신묵 부부의 결혼 70주년 모임에 수 라이스의 초청을 받았다. 서울에서 열린 이 행사는 당시 교도소에서 단식투쟁을 하고 있는 문익환 목사를 응원하기 위해 마련되었다. 그곳에서 나는 훗날 배우가 된 문익환의 아들 문성근을 만났다. 나는 이 가문을 정말 좋아했다. 문재린 목사는 매우 다정하고 온화한 분이었다. 행사가 끝난 후 수와 나는 몇몇 사람만 따로 모이는 회식 자리에 참석할 수 있었다. 그 자리에서 나는 여러 반체제 인사의 아내와 어머니들을 만났다. 한국의 민주화운동에 참여한 여성들의 힘을 피부로 경험하는 순간이었다. 그들이 살아온 삶에 대한 경외심이 절로 느껴졌다.

서울에서 살게 되었기 때문에 함석헌 선생의 집에서 열리는 퀘이커교 모임에도 정기적으로 참석할 수 있었다. 가끔 일요일에 부산에서 열리는 모임에도 참석했지만, 그가 참석하는 서울 모임에는 항상 많은 사람이 참석하였다. 예배가 끝나면 몇몇 사람이 그와 함께 별도의 모임을 마련했다. 나도 참여했는데, 그의 강의를 들으면서 나는 많은 것을 배웠다. 함석헌 선생을 마주할 때마다 나는 귀중한 가르침을 주는 매우 특별한 은사와 함께 있다는 느낌을 받았다. 함석헌 선생의 말씀을 듣고, 반체제 인사들의 아내와 어머니들과 이야기하고, 광주에서 기꺼이 자신을 희생한 사람들을 알게 되면서 나는 비로소 내 인생의 새로운 길을 발견하였다. 이 비범한 사람들은 그들의 경험에서 배울 수 있도록 허락하였고, 모든 종교적 가르침에 내재된 공통의 지혜를 찾아서 일상생활에 적용할 수 있는 방법을 보여 주었다. 나보다는 다른 사람을 먼저 생각하고 항상 친절하게 대하고 사람들이 가지고 있는 역량을 존중하는 삶이 얼마나 고귀한가를 배운 것이다.

1981년 6월 미국으로 옮긴 문혜림 여사의 연락을 받았다. 그녀는 워싱턴에 본부를 둔 국제인권법단체가 유엔 인권위원회에 한국의 인권침해 관련 청원서를 제출하려는 준비를 하고 있다고 알려 왔다. 그리고 나에게 나의 광주 경험과 목격담을 작성해서 주면 청원서를 작성하는 데 큰 도움이 될 것이라고 말했다. 내가 자필로 작성한 목격담을 라이스 부부가 미국으로 보내 내 수기는 최종 청원서에 첨부되었다.

  7월로 접어든 후에도 나는 여전히 영어를 가르치고 있었는데, 박사과정 합격 소식은 없었다. 7월 4일 광화문 우체국에 가서 미국에 있는 부모님께 전화를 걸었는데 필라델피아에 있는 템플대학교 의과대학의 박사과정에 합격했다는 소식을 들었다. 이 대학교의 학기는 8월에 시작되었다.

  이 소식을 듣고 곧바로 미국행 비행기표를 끊은 후 친구들과 작별 인사를 하고 짐을 꾸리기 위해 분주하게 움직여야만 했다. 떠나기 전까지 영어를 가르쳐야 했기 때문에 더욱 바빴다. 작별의 시간은 얼마 남지 않았지만, 보단은 이미 한국을 떠나 미국의 대학원에 입학했고, 팀을 만나러 갈 시간도 없어서 그에게 내 연락처가 적힌 짧은 편지를 보냈다. 광주항쟁 이후 지속적으로 만났던 라이스 부부에게 마지막 작별 인사를 했다. 라이스 부부는 내가 미국에서도 한국과의 관계를 계속 유지할 수 있도록 미국에서 활동하고 있는 활동가들의 연락처를 알려 주었다.

  1981년 7월 25일 버스를 타고 김포공항에 도착해서 짐을 부친 다음 출국심사대에 여권을 내밀었다. 창구에는 여권 담당 직원과 군인 한 사람이 있었다. 그들이 내 수화물을 검색하지 않아서 무척 기뻤다. 내 가방에는 압수당할 게 뻔한 수많은 반체제 유인물로 가득했기 때문에 발각되었다면 아마도 끌려가 심문을 받았을 것이다. 그 군인은 가까운 시일 내에 한국으로 다시 돌아오느냐고 물었다. 대학원에 입학하기 위해 출국한다고 말하자, 그 군인은 당신은 입국 금지자 명단에 올라와 있기 때문에 다시 돌아올 생각을 하지 않은 것은 현명한 결정이라고 말했다.

나리타, 시애틀, 미니에폴리스를 거쳐서 필라델피아로 가는 비행편은 순조로웠으나, 시애틀에 도착했을 때 김포공항에서 부친 짐이 없어졌다는 사실을 발견하고는 너무 당황했다. 아무도 이유를 몰랐다. 늦게 도착한데다가 짐을 기다리다가는 필라델피아행을 놓칠 수도 있었기 때문에 짐을 포기하고 필라델피아행 비행기를 타기 위해 공항 통로를 가로질러 뛰어야만 했다. 비행기 문이 닫히기 직전에야 겨우 탑승할 수 있었다. 고된 여정의 마지막이었다. 탈진해서 자리에 앉자마자 곯아떨어졌다.

## 16. 진실 알리기

### 1981년부터 현재

집으로 돌아온 지 일주일도 채 되지 않아 대학원생으로 새로운 생활을 시작했다. 갑작스럽게 귀국한 탓에 새로운 환경에 적응이 쉽지 않았다. 심지어 영어가 마치 타국어인 것처럼 낯설게 느껴지기도 했다. 공부를 시작했을 때 나는 여전히 대부분을 한국어로 생각했기 때문에 이것을 머릿속에서 영어로 다시 옮겨야 하는 희한한 경우가 계속되었다. 한국식 이름에 익숙해져서 사람들이 나를 데이비드로 부를 때는 알아채지 못하기도 하였다. 이런 탓에 처음에는 주변 동료들과 어울리는 데도 문제가 있었다. 한 학기를 마치는 데 3년이 걸렸다. 남들보다 뛰어나지 못한 탓에 두 배 이상은 더 노력해야 했다. 중도에 포기하고 싶은 생각도 여러 번 있었지만, 그럴 때마다 광주의 기억을 떠올리며 자신을 채찍질했다. 광주에서 내가 본 사람들은 나와는 비교할 수 없는 큰 목표와 이상을 위해서 자기 자신을 희생한 분들 아닌가?

대학원에 다니느라 바빴지만 한국의 인권과 민주주의를 위한 운동에 계속 관여하고 있었다. 한국에서 돌아왔을 때, 나를 맨 먼저 기다리고 있었던 것은 국제인권법 단체가 유엔 인권위원회에 보낸 청원서 사본이 첨부된 한 통의 편지였다. 목격자의 증언을 첨부하기가 매우 어려웠는데 도와주어서 고맙다는 내용이었다.

대학원 생활을 시작하면서 나는 필라델피아의 퀘이커교 선린협회를 기반으로 활동하고 있는 한국인권단체에 합류하였다. 우리의 모임은 주로 남한과 북한의 인권 문제에 초점을 맞추고 있었고, 광주 문제를 비롯하여 한국 기업의 노동 문제도 다루었다. 이 그룹은 세계적 차원의 인권침해 문제를 조명하고 분단된 한반도의 평화뿐만 아니라 지구적 평화를 도모하기 위해 활동하고 있는 광역 인권네트워크의 일원이었다. 우리는 한국에서 건너 온 인사 등을 초청하여 강연회를 열기도 하였다.

한국에서 만난 선교사들과도 계속 연락을 취했다. 문혜림 여사는 나보다 먼저 미국으로 떠났으며, 뉴욕에 있는 그녀의 집은 내가 육군우체국에서 반정부 관련 문건을 보낸 주소지였다. 나는 그녀를 한국 인권 관련 모임에서 한번 만났을 뿐이지만 서신을 자주 보내면서 계속 연락을 취했다. 또한 월요기도 모임 회원으로서 그녀가 한국을 떠나기 직전에 한 번 만난 적이 있는 진 베이신저Jean Basinger와도 소식을 주고받았다. 우리는 같은 한국인권네트워크에 속해 있었지만, 그녀가 아이오와에 살고 있었기 때문에 직접 대면할 기회는 얻지 못했다. 지역별로 활동하고 있는 한국인권네트워크는 미국 국내뿐만 아니라 일본, 캐나다, 영국 등에 걸쳐서 어떤 식으로든 국제적으로 연결된 정보망을 가지고 있었다.

라이스 부부가 내게 준 연락망을 통해 한국의 인권과 관련된 많은 활동가와 연락할 수 있었고, 미국에 도착한 후에도 서신을 자주 교환하였다. 워싱턴을 중심으로 활동하고 있는 북미한국인권연맹(North American Coalition for Human Rights in Korea)의 팔리스 하비Pharis Harvey도 그중 한 사람이었다. 팔리스 하비는 1970년대에 연합감리교회 선교사로 일본에서 많이 활동하였는데, 한국의 인권 사정을 해외로 알리기 위해 헌신한 사람이었다. 내가 한국에서 우편으로 보내거나 직접 가져온 자료들 중 상당수는 그에게 전달되었다. 내가 미국으로 돌아간다는 소식을 들은 그는 나의 광주 목격담을 듣고 싶어했다. 나는 그에게 1980년 5월 서울과 광주의 시위에 대해서 내가 알고 있는 사실을 자세하게 설명하였다. 그를 워싱턴에서 두 번 만난 것을 제외하고는 우편과 전화 등을 통해 한국에서 전해 오는 새로운 소식을 그에게 지속적으로 전달했다.

이런 인사들과 계속 교류하다가 한국 민주주의협회(Council for Democracy in Korea)의 최성일 회장과도 연이 닿게 되었다. 그는 5.18을 겪은 사람이 한인 사회에 직접 증언해 주기를 원했고, 1982년 초에 나에게 워싱턴 D.C.의 한인 교회에서 증언해 줄 수 있겠느냐고 요청했다. 나는 한국어로 강연문을 작성해서 동료인 한국인 학생에게 교정을 부탁했다. 이 학생은 우리 실험실에 속해 있었는데, 내가 평화봉사단원으로 한국에 있을 때 만난 연세대학교의 유명한 결핵 담당 교수의 아들이었다. 내 연설문을 읽은 지 한 달도 안 되어 그의 아버지는 아들이 급진파와 어울리게 할 수는 없다면서 아들을 다른 학교로 전학시켜 버렸다.

워싱턴에서 최성일 회장을 만나 강연하기로 한 교회로 갔다. 청중은 한국의 민주주의와 인권운동에 열심히 참여하고 있는 한인들이었다. 그러나 강연을 시작하면서 나는 감정이 너무 벅차 올라서 조절할 수 없는 처지가 되어 버렸다. 눈물을 도저히 참을 수 없었고 결국 준비한 원고를 제대로 읽지 못했다.

　같은 해 워싱턴의 전국언론인협회(National Press Club)에서 광주에 대해 이야기를 해달라는 요청을 받았다. 거기서 이신범을 소개받았다. 이신범은 1980년 6월에 체포될 당시 서울대학교 법대 학생이었는데, 9년 형을 선고받았다. 2년 후 앰네스티 인터내셔널의 노력으로 풀려나 미국으로 추방된 상태였다. 그는 자신이 겪었던 일에 대해 별로 말을 하지 않았고, 매우 겸손했다. 돌아가면 바로 체포되겠지만 언젠가는 한국으로 돌아가고 싶다고 말했다. 그날 행사를 위해 그는 붉은색의 먹 글씨로 "광주"라는 한글 휘호를 직접 써서 가져 왔다.

　이때 미국 장로교 선교단체의 김대중 구명 활동 소식을 라이스 부부와 내 할머니로부터 듣게 되었다. 내 할머니는 장로교회 교구의 간부였는데, 어머니와 함께 김대중 구명운동에 앞장 섰다. 내가 장로교회의 사람들과 연락을 취할 일이 있을 때마다 필요한 조치를 취해 주었고 만나야 할 사람들을 주선해주었다.

　1984년 후반에 나는 하버드 엔칭 연구소의 에드워드 베이커 Ed Baker

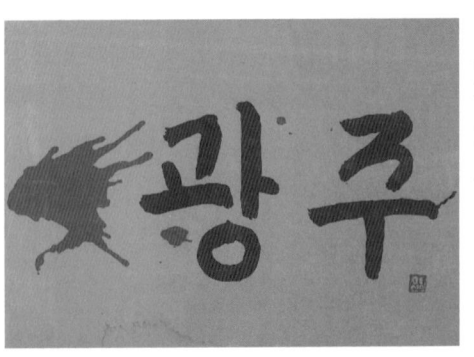

이신범의 붓글씨 광주

와 연락이 닿았다. 그는 정치적으로 매우 적극적인 인물로 1960년대 와 70년대에 한국에서 평화봉사단원으로 활동하였다. 또한, 1980년대에는 김대중 구명을 위해서 최성일 회장과 활동했으며, 1983년에는 김대중을 하버드로 초청하였다. 그가 국제광주위원회(International Commission on Kwangju)에 참여를 권유해서 1985년 뉴욕의 한 식당에서 열린 첫 미팅에 참석하였다. 이 위원회에는 최성일, 이신범, 문동환을 비롯해서 나의 평화봉사단 동료로 내 사진을 몰래 해외로 반출했던 캐롤린 등이 참여했다. 사실 이 위원회에는 한국에서 활동했던 평화봉사단원 출신이 6명이나 참여했다. 광주항쟁 당시 대학원생으로 항쟁을 목격했던 린다 루이스Linda Lewis 와 데이비드 맥케인David McCann, 브루스 커밍스Bruce Cumings 교수 등이다.

이 위원회는 한국의 인권 탄압의 실상과 광주에서 일어난 일의 진실을 알리는 활동을 했으며, 그 활동의 하나로 〈뉴욕타임즈〉에 전면 광고를 게재하기도 하였다. 전두환 정권의 사회 정화 사업의 하나로 전개된 삼청교육에 대한 정보를 입수하고 증언을 확보하여 주요한 인권 탄압 사례로 국제사회에 널리 알리기도 하였다. 당시에는 이 모든 작업이 전화와 우편 등을 통해 이루어졌다. 오늘날의 소통 체계와 비교하면 당시 우리가 이뤄낸 성과는 정말 놀라웠다. 사람들과 연락하고 정보를 공유하기 위해서는 부단한 노력이 필요하였지만, 다행히 한국에서 매주 부모님에게 편지를 보내던 습관은 이러한 작업을 하는 데 큰 도움이 되었다.

이 위원회는 1985년 4월의 전두환 미국 방문 반대 시위를 조직하는 데도 기여하였다. 대학원을 다니느라 바빴지만, 나는 이 시위를 준비하는 활동가들과 접촉했다. 펜타곤에서 멀지 않은 한국 식당에서 만나서 점심을 함께 하게 되었는데, 그 식당에서는 광주나 전두환 반대 시위에 대한 이야기를 해서는 안 된다는 이야기를 들었다. 한국 정부와 관련된 인사들은 물론 미국에 거주하는 한인들을 감시하는 기관원들이 자주 출입하는 장소였던 것이다. 전두환이 워싱턴에 도착했을 때, 시위대들은 이신범이 붉은 글씨로 쓴 "광주"가 프린트된 티셔츠를 입고 항의집회를 열었다.

대학원 공부와 한국의 인권 활동에 몰두하느라 팀과 연락할 기회가 많지 않았다. 그가 한국에 있을 당시 그에게 여러 차례 편지를 보냈으나 답장을 받지 못했다. 한국을 떠나기 전에 우리는 우리가 겪었던 일 때문에 앞으로는 자주 연락하지 못하게 될지도 모른다고 걱정을 했다. 팀은 자신의 한국 친구들을 보호하기 위해서 신분 노출을 꺼렸을 수도 있다. 그 후 팀은 하와이대학교 대학원에 진학하기 위해서 미국으로 돌아왔다. 그가 돌아온 후 몇 차례 통화했으나 뜻대로 자주 하지는 못했다.

통화 중에 팀은 광주항쟁에 대한 논문을 준비하고 있는데, 일차 자료로 직접 경험담이 필요하다고 말했다. 이 논문은 영어로 작성된 광주항쟁에 대한 최초의 학술논문이 될 것이라는 팀의 설명에 나는 놀랐다. 내가 유엔 인권위원회에 제출하기 위해 작성한 수기와 내가 수집한 다른 자료들을 팀에게 넘겨 주었다. 팀의 논문인 「광주항쟁: 목격자의 견해 The Kwangju Uprising: An Inside View」는 1987년에 하와이대학교에서 발행하는 한국학 저널인 〈Korean Studies〉에 발표되었으며, 목격자의 증언에 기초했다는 점에서 매우 가치 있는 논문으로 평가되었다.

1987년 6월 나는 학생뿐 아니라 중산층 시민들까지 나서서 대통령 직선제를 요구하는 시위가 일어난 한국의 상황에 주목하게 되었다. 이 투쟁에 학생뿐만 아니라 시민들이 포함되어 있다는 사실은 광주를 상기시키기에 충분했다. 시민들이 대거 민주화 시위에 참여하여 마침내

진실 알리기

6월 항쟁

투쟁의 목표를 달성하게 되어 기쁘기도 했지만, 광주항쟁 이후 너무 오랜 시간이 걸렸다는 게 슬프기도 했다. 대학생들은 국가의 양심으로 열심히 활동하다가도 졸업하게 되면 나라의 장래보다 자신의 현실적 미래를 더 걱정해야 했다. 이것은 사실 놀라운 일이 아니다. 그러나 1987년 두 학생의 어처구니없는 죽음을 목도한 한국 시민들은 분연하게 일어나서 민주화를 외치기 시작한 것이다.

　이한열의 죽음과 이어진 시민투쟁은 1980년의 광주와 유사했지만, 광주에서는 너무나 많은 사람이 죽었고 도시 전체가 잔혹한 만행의 장소가 되었다는 점에서 큰 차이가 있었다. 마침내 시민들이 일어나서 항거해서 기뻤지만, 7년이라는 세월이 걸렸다는 게 애석했다. 야권이 서로 협력하지 못하고 결국 전두환의 오른팔인 노태우가 대통령이

된 것도 슬펐다. 미국의 많은 한국 관측통은 독재체제는 끝난 것 같지만 1988년의 서울올림픽이 끝나면 다시 권위주의 체제로 복귀할 가능성도 있다고 전망하고 있었다. 1990년대 초까지만 해도 나는 한국이 이제까지 성취한 것을 잃어버리고 과거로 퇴행하지는 않을까 걱정했다. 김영삼 정부가 들어선 후에야 그런 걱정은 덜 수 있었다.

1990년 나는 필라델피아에서 활동하고 있는 인권단체를 통해서 한 여성을 만났다. 그녀는 하버드대학교에서 '광주를 추모하며'라는 제목의 5.18 10주년 행사를 준비하고 있었다. 이 행사는 보스턴 지역 대학의 한국 학생들이 참여하고 있는 한국을 위한 화요기도 모임이 후원하고 있었다. 나는 이 행사에 초대받아서 당시 내가 보고 느낀 것들을 증언하였고, 참석자들은 광주의 희생자들을 위한 추모 기도회를 열었다.

데이비드가 하버드대에서 열린 광주항쟁 10주년 행사에 연설을 하고 있다.

보스톤에 살 때 나는 이 행사를 기획한 사람의 집에서 임시로 지냈다. 1987년에 박사 학위를 받고 프린스턴에서 박사후 과정을 시작했지만 봉급이 넉넉하지 못했기 때문이었다. 매달 말이 되면 수중에 돈이 거의 남아 있지 않았다. 박사학위를 마쳤을 때, 내 지도교수는 기업체와 같은 민간 부문으로 진출하는 것은 전망이 밝지 않으니 학계에 남아 있으라고 조언했다. 나는 제약업계와 같은 민간 부문으로 진출해 사회에 기여하고 싶다고 말했다. 환자에게 영향을 미치는 질병을 정확하게 식별할 수 있어야 효과적인 치료를 제공할 수 있다고 판단했기 때문이다. 처음부터 이런 목표를 세우고 공부를 시작했지만, 박사후 과정은 박사 과정의 연장으로 간주되었기 때문에 선택할 수밖에 없었다. 실험실에서 나는 미생물유전학과 실험 기술을 탄탄하게 익힐 수 있었다. 프린스턴에서 2년을 보냈는데, 많은 것을 배우기는 했지만, 학계에 만연된 정치가 우습고 어리석게 느껴져 떠나기로 결정했다. 1990년에 학계에서 민간 부문으로 자리를 옮겼다.

나는 생화학 공부를 하던 1982년, 대학원에서 만난 앤과 결혼하면서 나의 인생은 한번 더 도약의 기회를 만나게 되었다. 1984년 그녀가 박사 학위를 받기 위해 스토니브룩에 있는 뉴욕주립대학교로 떠난 후부터 교제를 계속했다. 우리는 1989년에 필라델피아에 있는 교회에서 그녀 숙부의 주례로 결혼식을 올렸다. 1992년 9월에 내 친구 팀 윈버그의 이름을 딴 아들 팀이 태어났다. 아이가 예정보다 일주일 먼저 태어나는 바람에 버몬트에 출장 중이던 나는 급히 서둘러 돌아와야만 했다.

당시 나는 제약 회사인 셰링 플라우에서 일하고 있었다. 나는 주로 신약 물질 성분을 분석하는 데 사용하는 시약 개발에 몰두하고 있었다. 나는 이 연구가 부유한 국가에 사는 사람들의 보건에 기여하는 것 말고는 큰 의의가 없다는 것을 깨닫게 되었다. 여기에 실망한 나는 콜로라도에 있는 스타트업 기업으로 옮겼으나 여기도 역시 크게 다르지 않았다. 돌이켜 보면 나는 한국의 대학생들이 졸업 후 겪어야 했던 같은 고민을 하고 있었지만, 당시에 나는 그걸 미처 깨닫지 못했다.

1994년 워싱턴 D.C.에서 열린 회의에 왔다가 K-45에 속했던 평화봉사단 동료를 만나 팀의 안부를 물었다. 내가 프린스턴으로 옮긴 후 몇 차례 연락했지만 팀의 전화번호를 알 수 없어서 소식을 들을 수 없던 때였다. 팀이 HIV 합병증으로 사망했다는 대답이 돌아왔다. 이 소식을 듣고 너무나 슬펐다. 팀은 정말 좋은 사람이었고, 내가 가장 자랑스럽게 여기는 친구였다. 그의 죽음은 여태까지 그를 만날 노력을 하지 않고 그를 방치한 내 자신에 대한 책망으로 돌아왔다. 팀의 죽음은 삶에 대한 나의 태도를 완전히 바꿔 놓았다. 나는 이제까지 당연시한 것을 다시 생각하고 내 삶의 방향을 돌아봤다. 이런 식으로 팀은 나를 삶의 정상 궤도에 올려놓았다. 나는 HIV 진단 기술 개발에 몰두하고 싶어졌다.

1995년에 와이오밍 주의 잭슨홀에 있는 스타트업에서 일할 기회가 생겼다. 이 스타트업은 HIV 진단에 특화되었으며, HIV에 감염된 사람들을 돕기 위한 신종 항레트로 바이러스 약물에 대한 임상실험을 지원하고 있었다. 나는 이 기회에 이 분야로 옮길 것을 결심했다. 얼마 후 회사를 옮겨 HIV 양성 반응자들이 효과적인 치료를 받고 있는지 확인하는 검사법을 개발하는 팀에 참여하였다. HIV 환자를 치료하는 데 사용되는 항레트로 바이러스 약물에 대한 내성을 유발하는 돌연변이를 확인하는 일이었다. 이 검사법은 팀을 돕기에는 너무 늦었지만, 전 세계에서 수백만 명의 환자를 살릴 수 있었다.

그 후 HIV를 비롯하여 다른 감염병의 진단 분야에서 여러 경력을 쌓을 수 있었다. 직장 생활 중에도 한국에서의 경험을 잊지 않고 결핵 진단 및 치료에 대한 연구를 계속했으며, 내가 일한 기업들이 결핵 진단 검사법 개발에 관심을 갖게 하도록 노력했다. 그러나 사기업 경영진은 질병의 정확한 진단에 영향을 미치는 요인들에 대한 이해가 부족하였기 때문에 내 뜻대로 되지는 않았다. 다행히 2013년부터 2017년까지 저개발국의 열악한 의료 시스템 개선을 지원하기 위해 제네바에서 활동하는 NGO에서 일할 기회를 잡게 되었다. 그곳에서 결핵 진단 및 치료법 개발에 몰두할 수 있었다.

## 한국으로 귀환

24년 만인 2005년에 한국에 왔다. 바이엘에서 일하면서 일본으로 출장갈 일이 생겼는데, 가는 김에 한국 지사도 들리겠다고 설득해서 이뤄진 것이었다. 한국에 온 후 날을 잡아서 광주에 내려가서 5.18국립묘지를 참배하고 5.18기념재단을 방문했다. 그로부터 1년 후인 2006년에는 가족들과 2주간 한국을 방문하여 전국을 돌아다녔다. 광주와 영암에서 시간을 보냈는데, 5.18 관계자가 당시에 팀이 부상자를 들것에 실어나르는 사진을 보여 주며 혹시 당신이 아니냐고 물었다. 나는 그 사진 속 외국인이 내 동료였던 팀 원버그라고 설명했다. 몇 년 후 한국 방송사인 SBS가 5.18 30주년 기념 다큐멘터리 프로그램을 만드는 데 참여해 달라는 제의를 했다. 기자와 카메라맨이 보스턴 집으로 와서 인터뷰를 했고, 2010년 5월 초에 한국으로 와서 영암과 광주에서 촬영을 했다.

광주에서 인터뷰를 하는 도중 그 당시 도청에서 만났던 몇몇 학생 지도자와 이야기를 나누었다. 그곳에서 당시 도청 분수대 앞에 모인 군중 앞에서 연설한 김태종을 만났다.『죽음을 넘어 시대의 어둠을 넘어』의 공동 저자인 전용호과 김윤기도 만났다. 오랜 시간이 흐른 뒤에 다시 만나게 되어서 흥분되었다. 이름은 모르고 얼굴로만 기억하고 있었기 때문에 그들의 생사를 알 수 없었는데 이렇게 만나게 된 것이다.

한동안 이야기를 나누다가 김윤기가 항쟁 직후 우리가 거리에서 만난 적이 있지 않느냐고 물었다. 그렇다고 대답했다. 이날 처음 봤을 때, 내가 짐을 꾸리기 위해 영암으로 돌아가다가 길거리에서 만난 바로 그 사람임을 알았다. 그러나 그 역시 나를 기억하고 있다는 데에 깜짝 놀랐다. 1980년 6월 그날 만났을 때에는 공개적인 장소였기 때문에 우리는 서로 모른 체할 수밖에 없었다. 그러나 나는 그날 그가 왜 그랬는지 굳이 알고 싶지 않았다. 그는 셋 중 가장 조용했고, 나처럼 30년 전에 일어

30년 만의 재회. 왼쪽부터 김태종, 김윤기, 데이비드 돌린저, 전용호. 학생 지도자이던 세 사람과 2010년 5월 다시 만났다.

난 사건의 트라우마를 완전히 극복하지 못한 것은 아닌가 생각되었다. 5.18이 다가오면 내가 겪는 똑같은 고통을 겪고 있는 것처럼 보였다. 그 시절을 상기하는 것은 억누를 수 없는 고통과 슬픔이었다. 내가 할 수 있는 것은 눈물과 회한을 억누르면서 될 수 있는 한 대화의 주제를 바꾸는 것이다. 이 회고록을 쓰면서도 나는 광주항쟁과 그 후에 대한 기억을 떠올리면서 눈물을 참아야만 했다. 애써서 광주와 관련된 기억들을 제쳐 두려고 노력하더라도 항상 표면 아래서 숨어 있다가 올라오는 걸 억제할 수 없다.

SBS 인터뷰를 마무리하기 위해 광주에 갔을 때 나는 5.18 30주년 행사에 참석하고 싶었다. 운이 좋게도 기념식에 참석할 수 있도록 도와주고 5.18기념재단과도 연락을 취할 수 있도록 주선해 준 매우 유능한 여성을 소개받았다. 5.18기념재단은 내가 광주에 체류하는 동안 기자 간담회 자리를 마련해 주었고, 광주 아시안포럼 개막식에도 초대했다. 2010년 5월 18일, 5.18국립묘지에서 열린 30주년 행사에 참석하였다. 30년 만에 다시 만나서 1980년 5월의 그 사건을 기념한다고 하니 감개무량했다. 그러나 여전히 사건의 진실이 가려져 있고 여러 문제가 아직 해결되지 못한 것을 보니 가슴이 아팠다. 사랑하는 아들, 남편, 친척을 갑자기 잃어버린 참혹한 피해를 어떻게 보상받을 것인가? 자식이 죽은 바로 그 장소를 멍하게 바라보는 어머니의 상처를 누가 치유해 줄 것인가? 사랑하는 사람을 잃은 상실감을 안고 살아가야 하는 사람들에게 추념과 위로의 시간이 되어야 하는데, 오히려 정치적으로 이용되지는 않을까 걱정되었다.

기념식이 끝나고 저녁에 개최된 회식 자리에서 팀이 나온 사진에 대한 질문을 받았다. 5.18기념재단은 아직까지 그를 확인하지 못하고 있었다. 나는 팀의 이야기를 들려 주었고, 나중에 집으로 돌아와 추가 자료를 정리해 재단에 제공하였다.

　5.18기념재단이 마련한 기자간담회에서 여러 기자가 나의 광주항쟁 경험에 대한 질문을 했다. 인터뷰 중에 나는 5.18국립묘지에 유골의 일부를 묻고 싶다는 의사를 밝혔다. 1년 전에 독일 기자 위르겐 힌츠페터가 같은 요청을 했다는 사실도 알게 되었다. 광주시는 나중에 규정상 우리의 요구를 들어주기는 곤란하지만 화장한 재의 일부나 손톱 등과 같은 소량의 유해는 안치할 수 있다고 했다. 나는 내 아들이 내 유골의 일부를 월출산에도 묻어 주기를 바라고 있다. 월출산은 내가 자신을 돌아보고 미래를 설계하는 데 많은 시간을 보낸 소중한 장소였다. 월출산은 나에게 정말로 특별한 의미가 있는 영적인 장소이자 내 삶의 궤적의 소중한 일부가 되었다.

## 17. 광주항쟁에 대한 내 결론

다음은 광주항쟁 기간과 그 이후에 걸친 경험에서 얻은 나의 '진실'을 요약한 것이다. 물론 내 결론의 어떤 부분은 정확하지 않을 수 있으며, 모든 진실을 담고 있는 것도 아니다. 더욱이 나의 한국어 실력도 내가 들은 것들의 미묘한 부분을 정확하게 파악할 정도는 아니다. 그러나 나는 이 책에서 내가 사람들을 만나서 보고, 듣고, 느낀 것에 기초한 진실들을 전달하고자 노력했다. 내가 본 진실은 이렇다.

- 5.18 기간에 시민들은 잔인하게 살해되었다. 정상적인 상황이었다면 가해자들은 이러한 범죄를 범한 죄로 재판을 받았어야 한다.
- 시민들은 헬기에서 사격을 받았으며, 그 결과 부상을 입었거나 죽었을 수도 있다.
- 시민들은 체내에서 조각이 나 심각한 부상을 초래하는 총탄에 맞

앗다. 이 총탄은 국제적으로 사용이 금지되어 있다.
- 5월 21일 계엄군들이 물러난 후 광주는 혼란 상태에 있지 않았다. 시민들의 폭동이나 약탈은 없었다. 시민들은 거리를 청소했고 도시를 지키기 위해 자발적으로 활동했으며 서로 염려하고 협력했다.
- 시민들은 자신들이 획득한 무기를 도청에 자진 반납했다.
- 시민들은 평화적인 해결을 원했다.
- 시민들은 미국 정부가 사태의 평화적 해결에 도움을 줄 것이라 기대했다.
- 5월 23일 이른 아침, 외신 기자들은 미국 대사관과 접촉해 달라는 부탁을 받았지만, 기자들은 사건에 개입하는 걸 원치 않았다.
- 시민들은 자신의 신념과 자신의 자녀, 앞으로 태어날 후손의 미래 그리고 한국의 미래를 위해 죽었다.
- 여성은 광주항쟁에서 중요한 역할을 수행했을 뿐 아니라 민주화 운동의 저력이었다. 나는 5.18 이후에 많은 여성 운동가를 만나 이와 같은 사실을 확인했다. 한국 여성의 힘은 아직도 여전히 저평가되어 있고 주변에 머물러 있다.

이것이 내가 알리고 싶은 진실이다.

광주항쟁 당시의 선언문인 〈우리는 왜 총을 들었는가〉는 "광주를 지키고 부모, 형제, 자매를 보호하기 위해 우리는 무기를 들 수밖에 없었다."라고 썼다. 이 선언은 1980년 5월 18일 밤에 팀과 내가 만났던 늙은 신사를 떠올리게 했다. 그는 "그들의 만행을 이대로 지켜볼 수는 없다."라고 단호하게 말했다. 또한 이 선언문은 1775년 7월 6일 미국의 제2차 의회가 미국혁명의 시작을 정당화하기 위해 채택한 〈무장의 이유와 필요에 대한 선언(Declaration of the Causes and Necessity of Taking Up Arms)〉을 상기시켰다. 이 선언에는 "정당한 이유 없이 적에게 공격을 받은 사람들을 보호하고 우리의 천부적 권리와 자유를 지키기 위해 무기를 들었다."라고 기술되어 있다.

이 둘 사이에는 이러한 유사성이 있는데도 1980년 5월의 나의 경험과 이후 기밀 해제된 미국의 외교문서를 보면 당시 미국 정부는 광주항쟁의 진압과 관련된 결정에서 자신들이 인정한 것보다 훨씬 더 깊게 관여했음이 확인된다. 한국을 방문하는 동안 몇 차례에 걸쳐서 나는 미국 대사관 직원들과 미국인들을 만나서 이러한 견해를 밝혔으나, 그럴 때마다 당신은 틀렸을 뿐만 아니라 이러한 발언은 한미관계를 해칠 수 있다는 비판을 받아야 했다.

미국이 이제 취할 수 있는 최선의 길은 광주항쟁 동안의 행동에 대해 사과하고 희생자 가족을 비롯한 한국인들에게 용서를 구해야 한다는 것이 이러한 비판에 대한 나의 대답이다. 기밀 해제된 문서와 개인적 경험에서 우러나온 내 결론이 비록 틀렸다 하더라도 당시의 사건과 그 이후의 결과와 관련하여 미국이 직·간접적으로 행사한 영향력은 여전히 사과의 대상이다.

나는 광주 시민을 자랑스럽게 생각하며, 광주항쟁 기간에 내가 한 일을 후회하지 않는다. 도청의 시민 지도자들이 나를 광주 시민의 한 사람이라고 평가해 준 것은 큰 영광이었다. 한국에 갈 때마다 5.18국립묘지를 방문하는 것을 잊지 않았고, 운 좋게도 여러 차례에 걸쳐 기념식에 참석하였다. 2013년 기념식에서 희생자의 어머니들이 제창이 금지된 〈님을 위한 행진곡〉을 불러 박근혜 대통령이 조기 퇴장하게 되었을 때, 나도 노래를 힘차게 따라 부르며 그들을 지지했다.

광주항쟁 때 나는 이전의 나를 묻었다. 그리고 1980년 5월에 내가 목격한 사건 때문에 또 다른 나의 일부가 태어났다. 항쟁 기간 동안 광주 시민들을 더 돕지 못한 후회는 죽는 날까지 남을 것이다. 광주 시민들과 희생자들에게 깊은 사죄의 말씀을 드린다.

# 부록

광주항쟁 기간 중 카메라에 담긴 외국인. 팀 원버그가 5월 19일 전남대병원으로 부상자 이송을 돕고 있다. 한참이 지나 그가 팀 원버그인 것이 알려졌다.

부록 1. 팀 원버그를 추모하며

## 광주항쟁: 목격자의 견해

The Kwangju Uprising: An Inside View

팀 원버그는 미네소타대학교를 졸업한 후 평화봉사단에 합류하여 1978년에 한국에 왔다. 그는 광주에서 한센병과 관련된 일을 하게 되었고, 광주는 전남 지역의 평화봉사단원들에게 '팀의 도시'였다. 활동적이고 섬세했던 그는 누구든 반겼다. 팀은 광주항쟁에서 중요한 역할을 했지만, 그에 대해 남은 기록은 많지 않다.

팀 원버그는 광주항쟁의 이듬해인 1981년에 연세대학교에서 외국인을 위한 한국어 수업을 들었다. 1986년에 하와이대학교 대학원에서 학위 과정을 밟았지만, 박사 학위를 받기 직전인 1993년 2월 7일 사망했다. 그는 하와이대학교에서 수학하던 중 광주항쟁을 주제로 한 최초의 영문 학술 논문인 「광주항쟁: 목격자의 견해 The Kwangju Uprising: An Inside View」를 발표했다.

발표된 지 35년이 지났지만, 해외에서 광주항쟁에 관심을 갖고 있는 사람들에게는 여전히 중요한 자료다. 이 자료는 팀 원버그 본인이 직접 목격한 내용을 기반으로 동료 평화봉사단, 당시 광주에 있던 선교사들, 철저한 자료 조사를 거쳐 완성되었다. 그가 일찍 사망하지 않았다면 한국학 학자로서 남겼을 성과를 짐작하게 한다. 이 책에서는 하와이 대학에서 발행하는 한국학 저널인 <Korean Studies>에 실린 이 논문의 번역본(최용주 역)을 소개한다.

---

<요약>

1980년 5월의 광주항쟁은 한국전쟁 이후 대한민국 근현대사에서 가장 비극적인 사건 중에 하나지만 아직까지도 많은 논쟁과 혼란에 휩싸여 있다. 사태에 관한 기록과 분석 자료가 수없이 많이 있으나 서로 모순되는 점이 많으며, 현장에서 직접 사태의 진행 상황을 지켜본 목격자들의 증언들은 정부의 공식 입장과 언론 보도들과는 큰 차이가 나고 있다. 당시 광주에 거주했던 평화봉사단과 선교사들의 증언들에 따르면 광주항쟁은 외부의 정치 세력이 선동한 사전에 계획된 도발이 아니라 군인과 경찰의 폭력에 대항하는 지역주민들의 즉흥적이고 자발적인 저항이었다. 정부 발표 자료와 이에 반하는 목격자 증언들, 그리고 수많은 의문에 대해 명확한 입장을 표명하지 않는 한국 정부의 행태는 대한민국 정치에 큰 영향을 끼치고 있는 광주항쟁에 대한 정확한 분석을 더디게 하고 있다.

---

1980년 5월 18일, 80만 명이 거주하는 전라남도 광주시에서 당시의 한국적 기준으로는 소규모에 지나지 않는 일상적인 시위가 군인과의 폭력적 대치 상황으로 확대되어 다수의 민간인과 군인 사상자가 발생하였으며, 아직까지 엄청난 정치적인 반향을 불러일으키고 있다. 이 사건 이후 많은 사람이 당시에 광주에서 정확히 무슨 일이 일어났고, 왜 이렇게 엄청난 사태로 발전하게 되었는지를 파악하려고 노력했다. 대한민국 정부의 공식 발표는 민간 부문의 증언들과 크게 다르다. 평화봉사단(Peace Corps volunteer: PCV) 소속으로 당시에 광주에서 일어난 일들을 직접 목격한 나는 이 논문에서 지금까지 발표되지 않은 새로운 목격자들의 증언을 바탕으로 이 사건의 실상을 재구성하고자 한다. 과거의 많은 보고서는 주로 '사상자 수'에 많은 관심을 가졌지만, 여기서는 그보다는 사태가 처음 발생한 시점부터 그 후의 일련의 사건들에 이르기까지, 그리고 마침내 대규모 무장저항으로 발전한 시기까지의 목격자 증언, 정부 발표문, 언론 보도들을 서로 비교하면서 사태의 큰 그림을 그릴 것이다. 대한민국에서 이 사건이 갖는 엄청난 영향력을 고려했을 때, 광주에서 일어났던 일련의 사건들과 당시 정부의 대응 방식에 대한 정확한 이해는 필수적이다.

**항쟁의 배경**

광주항쟁에 큰 영향을 끼친 요인으로 두 가지를 언급할 수 있다. 첫째로는 지역주의다. 대한민국 지형은 여러 산맥으로 분리되어 있는데 전라도와 경상도도 이런 산맥들 때문에 지리적으로 서로 분리되어 있다. 최근에는 통신 기술이 발달하여 서서히 나아지고 있지만, 그 이전까지는 이러한 지형적 특성 때문에 교통이 불편하여 상호 간 사회적·경제적인 교류가 더디었고 결과적으로 지역주의가 발전하고 고착되었다.

대한민국에서 지역주의의 역사적 뿌리는 삼국 시대까지 거슬러 올라간다. 당시에 전라도는 백제의 일부분이었고 경상도는 신라의 영토였다. 수백 년에 걸친 전쟁을 거치면서 한반도는 마침내 10세기에 이르러 고려에 의해 통일되었다. 고려는 백제 지역에 대해 차별적인 정책을 펼쳤다. 비교적 평화적으로 항복한 신라의 귀족들은 고려의 지배계층에 흡수되는 반면, 고려는 멸망 직전까지 끈질기게 대항한 백제인들에 대해서는 매우 가혹하게 대했다. 이후 16세기에서 17세기 무렵에는 지식인들 간의 파벌 다툼에서 지역주의가 큰 영향을 미쳤으며 근대에 와서는 공산주의 운동과 민족주의 운동에서 지역주의의 흔적을 볼 수 있었다. 이러한 지리적·역사적 요인들 때문에 전라도와 경상도 사람들은 상이한 생활양식과 사투리를 가지게 되었다.

현대에 이르러서 이러한 지역주의는 양 지역 간에 열리는 매우 열광적인 스포츠 경기에서 종종 발견된다. 전라도와 경상도 사람들이 서로 혼인을 꺼려하는 관행 등에서도 지역주의를 엿볼 수 있다. 더 나아가 한국 사람들은 이 두 지역 사람들에 대해 매우 강한 편견을 갖고 있다. 경상도 사람들에 대해서는 주로 충직함, 배타적, 독선, 남성적, 고집, 퉁명스러움 등과 같은 성향이, 전라도 사람들에 대해서는 이중성, 독선, 무식, 기회주의, 무례, 교활, 예술적 성향이 강할 것이라는 편견들이 존재한다. 이 두 지역 간의 경쟁은 대부분 악의가 없지만 극단적인 상황하에서는 보기 좋지 않은 모습으로 귀결되기도 한다. 이에 더하여 지난 26년간 여당 계열의 정치 인사들(박정희 전 대통령, 전두환 전 대통령 포함)은 대부분 경상도 출신인 반면에 지난 15년간 이에 맞서는 재야 정치인들(김대중을 필두로)이 전라도 출신인 사실이 이러한 지역주의적 성향을 더 부추기고 있다.

　광주항쟁을 분석할 때에 고려해야 할 두 번째로 중요한 요인은 사태가 발발하기 전 몇 달에 걸친 대한민국의 역동적인 정치 상황이다. 1979년 후반에서 1980년 초에 대한민국 정치권은 극심한 혼란을 겪고 있었다. 신민당 당수 김영삼의 부상과 야당 리더로서 그의 극적이고 예상치 못한(여당의 입장에서) 승리는 그 후 12개월 사이에 일어난 여러 정치적 사건의 촉매가 되었다. 1979년 10월 5일, 여당이 그의 "반체제적 발언"을 핑계로 김영삼을 국회에서 제명한 사건은 대한민국 정치권에 엄청난 영향을 준 연쇄적 사건들을 촉진했다. 김영삼 본인도 제명당하던 날 "멀지 않은 미래에 이 사건의 주동자들은 국민들의 심판을 받을 것"이라며 앞날을 예상하기라도 한듯한 발언을 하였다.

　김영삼 제명 이후 그의 고향인 경상도의 부산과 마산에서 매우 폭력적인 반정부 시위가 벌어졌고, 이로 인해 정부는 계엄령을 선포하기에 이르렀다. 갈수록 확산되고 있는 반정부 시위에 대한 대책이 논의되고 있는 와중에 중앙정보부(KCIA) 부장 김재규는 1979년 10월 26일에 박정희를 살해했다. 이 사건 다음 날, 신문에는 전두환 장군의 자그마한 사진이 실렸고 박정희 암살 사건 수사 책임자라는 설명이 붙었다. 2개월 후 전두환은 육군 참모총장이자 계엄사령관인 정승화가 박정희의 암살에 연루되었다는 결론을 내리고 그를 체포했다. 이 사건은 나중에 이른바 12.12사태로 불리게 되었다. 전두환은 자신의 지휘하에 있었던 수도방위사령부와 자신의 육사 동기들(노태우를 포함)이 지휘하고 있는 부대들을 동원하여 정승화 장군을 지키고 있던 해병부대들을 제압했다. 정승화는 체포되고 곧 이어 유죄 판결을 받았다. 당시 주한 미국 대사관 대사였던 윌리엄 글라이스틴William Gleysteen은 이 사건을 두고 "박정희 추종 세력들이 정치 자유화에 반대하며 쿠데타를 일으켰다"라고 본국에 보고했다.

그런데도 12.12사태 이후 자유화를 향한 움직임은 확연히 진행되고 있었다. 유신헌법에 의한 긴급조치는 해제되었으며 수감되었던 학생들은 풀려났고 오랜 반정부 지도자였던 김대중을 필두로 많은 재야 정치인들이 복권되었다. 1980년 초의 대한민국은 조심스러운 낙관주의가 지배했다. 사람들은 공개적으로 정치권이 나아가야 할 방향에 대해 토의했으며 곧 이어질 대통령 선거에 출마할 '3김' 후보들-김영삼, 김대중, 김종필-의 장단점을 따지곤 했다. 이런 가운데 전두환 장군은 자신의 권력 기반을 서서히 다져나갔으며, 1980년 4월 무렵에는 중앙정보부 부장 직과 보안사 사령관 직을 겸직하게 되었다. 학생들과 재야인사들은 시간이 지날수록 불안감에 휩싸였으며, 4월에 들어서면서 계엄령 폐지, 최규하를 막후에서 조정하는 실세인 전두환의 퇴진을 공개적으로 요구하기 시작하였다.

4월에서 5월 초에 이르면서 시위는 점점 더 과격해지고 규모가 커지기 시작했다. 5월 15일, 약 10만 명의 학생들이 서울시내에서 시위를 벌였다. 그 전날인 14일 정오가 학생들이 요구한 계엄령 폐지 시한이었기 때문이다. 목격자 증언들에 의하면 이 시위는 처음에는 평화적으로 진행되다가 폭력적으로 급전되었으며, 결국에는 탈취된 버스가 경찰 저지선을 돌파하는 과정에서 경찰관 한 명이 사망하는 사태에 이르게 되었다.

학생운동 지도부의 결정에 의해 5월 16일(금요일)과 5월 17일(토요일)에는 시위가 없었으며, 비교적 매우 평온했다. 이런 가운데 5월 18일

이전 1주일 사이에 이미 군부대들의 이동이 감지되기 시작하였다. 광주 기독병원 소속 선교사였던 헌틀리Huntley 목사 부부는 5월 16일 대전을 가려고 했으나 군인들이 버스표를 전부 사버려서 버스표를 구할 수 없었다. 대신 기차를 탔는데 기차역과 열차 안에도 군인들이 우글우글했다고 전했다. 나중에 알게 된 사실이지만, 5월 17일 자정에 선포될 계엄령에 대비하여 군인들이 미리 전국 곳곳으로 배치되는 중이었다.

이렇게 복잡했던 당시의 정치 상황과 대한민국 고유의 잠재적인 지역 갈등을 염두에 두고 1980년 5월 18일의 사건들을 살펴보도록 하자. 대한민국에서는 중요한 사건들은 그것이 일어난 날짜로 기억되는데, 5월 18일은 '광주사태'(Kwangju Incident)를 의미하는 날짜가 되었다. 이제부터 평화봉사단(필자를 포함한)과 당시 광주에 살고 있었던 선교사들의 증언을 토대로 5월 18일부터 5월 27일까지 광주에서 도대체 무슨 일이 일어났는지 살펴볼 것이다.

### 날짜별 정리

항쟁 발발 당시에는 무슨 일이 일어나고 있으며, 누가 상황을 지휘하고 있으며, 그리고 어떤 소문들이 진실인지 정확히 파악하기가 매우 힘들었다. 그러나 분명한 건 대부분의 광주 시민들은 소문 이상으로 잔인한 폭력을 실제로 겪고 목도했다는 점이다. 따라서 군의 과잉진압과 관련된 모든 소문은 사실로 간주될 수밖에 없었다. 10일의 항쟁 기간에 광주 사람들을 지배하고 있었던 정서는 불안감이었다. 사람들은 도시에서 도대체 무슨 일이 일어나고 있는 것인지, 무슨 일이 일어날 것인지 알 수가 없었다. 이 사태가 정치적·사회적 갈등에 의해 일어난 것은 분명하지만, 폭력적인 사태로 확산된 원인은 여전히 모호하다. 사태의 시발을 좀 더 명확히 밝히기 위해 필자는 초반 며칠간 일어난 사건들에 집중할 것이다. 이 초반의 사건들은 정부의 일련의 대응과 광주 시민들이 자신들의 무장항쟁을 어떻게 정당화했는지를 이해하는 데에 핵심적이기 때문이다.

### 5월 18일(일요일)

새벽에 김대중, 김종필, 학생 운동권 간부, 그리고 수많은 활동가들과 재야인사들이 체포되었다. 주말을 맞이하여 근처 시골에서 광주로 모인 평화봉사단원들은 광주 관광호텔에 모여서 전날 저녁에 선포되었던 계엄령에 관해 이야기를 나눴다. 호텔에서 우리는 미국문화원(American Cultural Center) 원장인 데이비드 밀러David Miller를 만났지만 그 역시 알고 있는 것이 없었다. 오전 11시쯤 우리는 광주 중앙대로인 금남로로 나와서 버스정류장까지 걷기 시작했다. 얼마 가지 못했을 때에 우리는 약 30명의 학생이 모여 있는 것을 봤다. 그들은 처음에는 약간 망설이는 듯했으나 곧 이어 거리 한가운데를 행진하며 김대중과 체포된 인사들의 석방과 계엄령의 해제를 요구하기 시작했다. 하지만 이들은 곧 전경들과 장갑차들로 이루어진 저지선에 맞닥뜨렸다. 전경들은 근처의 군용 체육관인 '상무관'에서 출동했다.

학생들은 근처 공사장에 널브러져 있던 돌멩이들을 주워서 던지기 시작했으며 전경들은 곧바로 최루탄으로 대응했다. 나중에 정부의 공식 자료는 "오전 11:50경 약 200명의 전남대학교 학생이 시내로 행진하는 도중에 경찰과 대치했으며 이 와중에 돌멩이와 최루탄이 투척되었다"라고 밝히고 있는데, 우리가 목격한 시위대는 전남대 정문 앞 시위대는 아니었던 것으로 생각된다. 그 시간대에 우리는 이미 시내에 있었고 우리가 목격한 학생의 수는 30명 정도였기 때문이다. 우리가 목격한 이 시위는 아마도 많은 광주 시민이 처음으로 목격한 '대치 상황'인 것으로 판단된다.

광주 시민들은 일요일이 되면 교회에 가거나 쇼핑을 즐기기 때문에 일요일의 거리에는 시민이 많이 몰려 있었다. 대로 옆에는 미국의 쇼핑몰과 비슷한 모양의 커다란 공간이 있는데 이곳은 항상 쇼핑하는 사람들로 꽉 차 있었다. 전경들이 시위와 무관한 시민들에게 최루탄을 일부러 발사한 것은 아니었지만 학생들과 근접거리에 있었던 시민들은 최루탄 가스를 피할 수 없었다. 최루탄이 투척될수록 시민들은 점점 더 분노하고 많은 사람이 모이기 시작했다. 이 와중에 우리는 한 경찰관이 저지선을 뚫고 나와서 시민들을 향해 주먹을 치켜세우며 돌멩이를 던져보라는 듯이 도발을 하는 것을 목격했다. 시민들은 계속 돌을 던졌고 전경은 최루탄으로 맞받아쳤으며 떨어진 돌을 다시 시민들을 향해 던졌다. 교통이 마비되었고, 버스는 시내를 벗어날 수 없었다. 시민들은 몇 시간 동안 전경들과 대치했지만 이 당시 우리가 본 광경은 우리가 과거에 서울에 봤었던 다른 시위들에 비해서는 그렇게 폭력적이거나 충격적이지는 않았다.

오후 3시 즈음 나는 금남로를 가로 막고 있는 공수부대원들을 볼 수 있었다. 바로 그 순간 공수부대원들이 앞으로 진격하며 진압봉을 마구 휘두르기 시작했다. 우리는 공포에 휩싸인 다른 사람들과 섞여서 도망쳤고 혼란 속에서 나는 어느 작은 가게 안으로 피신했다. 열댓 명가량의 다른 사람들과 함께 있었는데, 그중에는 나와 같은 평화봉사단에 소속된 사람도 한 명 있었다. 곧 군인 한 명이 가게로 들어와서 자신이 들고 있던 진압봉으로 사람들을 마구 패기 시작했다. 나와 평화봉사단 동료들을 발견한 그 군인은 멈추고 잠시 망설이다가 밖으로 나가버렸다. 우리가 골목을 나와서 보니까 군인들은 다시 금남로 쪽으로 퇴각하고 있었다. 여기저기에 다친 사람들이 쓰러져 있었고, 상당수의 사람이 머리, 팔, 다리에 심각한 부상을 입었다. 나와 두 명의 다른 평화봉사단원들은 머리에 상처를 입고 오토바이에서 떨어진 중국집 배달원을 근처 병원으로 데려갔다. 의사는 군인들의 보복이 두려워서 치료하기를 꺼려했지만 우리는 결국 의사를 설득해서 치료받게 하였다.

우리 말고도 다른 많은 부상자가 병원으로 들어오려고 애썼지만 의사는 10명 정도의 환자들만 받고 문을 잠가 버렸다. 사람들은 소리를 지르고 욕을 하며 문을 두들겼다. 이마에서 피를 흘리고 있던 어느 소년은 당구를 치고 있다가 들이닥친 공수부대원에게 머리를 맞았다고 말했다. 다른 사람들도 비슷한 이야기를 했다. 물론 시위에 가담하고 있던 사람들도 있었지만 상당수의 부상자는 시위와 관계없는 일을 하고 있던 도중에 무차별적인 폭력을 휘두른 군인들에 의해 다친 것이었다.

우리는 병원을 떠나 거리로 나왔는데 가는 곳마다 부상당한 시민들을 볼 수 있었다. 나와 함께 있던 다른 봉사대원들은 자기 봉사 지역으로 돌아가기로 결정하고 버스 정류장으로 발길을 돌렸다. 필자는 집으로 돌아갔는데, 내 숙소의 건너편 도로에서도 군인들이 무차별적으로 잔인하게 사람들을 폭행하는 장면을 목격했다.

광주에서 15년간 거주한 선교사 마사 헌틀리Martha Huntley는 다음과 같이 증언했다.

우리는 일요일 아침에 대전에서 광주로 돌아오는 버스를 탔다. 버스 정류장에서 택시를 타서 돌아오는데 택시 기사는 우회로로 운전을 했다. 우리는 기사에게 왜 이 길로 가느냐고 물었는데 그는 시내에 안 좋은 일이 일어나고 있다고 답해 줬다. 우리가 귀가하고 얼마 안 있어 정오 즈음에 전화가 울리기 시작했고, 그후 며칠 동안 끊임없이 울렸다. 친구들과 학생들 그리고 그의 가족들이 거리를 다니다가 공격을 당했다고 알리는 내용이었다. 또한 많은 사람이 창문 밖으로 목격한 장면들을 설명해 주려고 전화를 했었다. 아무도 무슨 일이 일어나고 있는지 몰랐다. 많은 사람이 우리에게 상황 설명을 요구했으며, 미국문화원(American Cultural Center)이나 국무부는 상황을 잘 알고 있는지 물어왔다. 일요일 오전에 거리에 있었던 사람들 중에서 많은 사람은 가족들과 함께 교회에 가거나 주일 학교에 가고 있던 사람들이었기 때문에 공격을 받은 시민들 중 상당수는 기독교인들이었다.

우리가 알고 있던 어느 한 30대 남성은 버스를 타고 있다가 강제로 하차 되어 (다른 젊은 사람들과 함께) 머리에 심각한 부상을 당했고, 결국 한쪽 눈을 잃게 되었다. 다른 곳에서 비슷한 또래의 한 여성은 자녀들과 함께 주일학교에 가던 도중 공격을 당했고 의식을 잃은 채 인도에 방치되었다. 그녀는 두피에 부상을 입어 바늘을 꿰맸으며, 4개월 동안 정신 이상 증세를 보였다. 그녀의 남편은 일요일 오후에 학생들과 합심하여 군인들과 싸웠다. 그 누구도 도대체 무슨 일이 일어나고 있는지, 그리고 왜 이러한 일들이 일어나는지 알지 못했다.

그날 밤 나는 집 옥상에서 광주를 살펴봤다. 기차역 부근에 불에 타고 있는 트럭 한 대가 보였지만 도시는 비교적 조용했다.

5월 19일(월요일)

11시 30분경 나는 출근을 하는 도중에 금남로의 카도릭 센터 앞에 많은 사람이 모여 있는 것을 목격했다. 여기는 시내 중심부이기 때문에 시위대와 시민들이 뒤섞어서 누가 시위 군중인지 구별하기가 힘들기는 했으나 시위대 규모는 제법 되었고, 방금 전까지 카톨릭센터를 향해 투석한 것처럼 보였다. 계엄군 사령부가 이곳에 있다는 소문이 나돌고 있었던 탓이었다. 몇몇은 반정부 구호를 외치고 있었으며, 거리 한가운데에는 불타는 차량이 한 대 있었다. 처음에는 시위에 적극적으로 가담하고 있는 사람들은 얼마 되지 않은 것 같았고, 많은 사람이 주위를 서성거리며 무슨 일이 일어나고 있는지 구경하고 있었다. 이때 근처 도청에 주둔하고 있었던 공수부대원들이 갑자기 사람들을 진압봉으로 패기 시작했다. 이 와중에 어느 중년 여성이 나에게 도움을 요청했다. 군인 한 명이 십대인 그녀의 아들을 연행하려고 했기 때문이었다. 나는 그 군인에게 다가가서 풀어 달라고 했으나 그 군인은 나를 심하게 밀치면서 진압봉으로 아이의 머리를 가격한 후에 놓아 주었다. 나는 그 중년 여성과 함께 그 장소를 벗어나는데, 그녀는 계속해서 "무슨 일이 일어나고 있죠? 저들은 왜 이런 짓을 하고 있죠?"라고 물어보며 겁에 질려 있었다.

그 후 나는 뒷골목을 이용해서 여러 번 길을 우회한 후에 대로로 다시 나올 수 있었는데, 근처에 있던 한국인 의사 한 명이 나에게 와서 부상자들을 병원으로 옮기는 것을 도와줄 수 있느냐고 물었다. 군인들이 길을 통제하고 있는 가운데 부상자들이 길바닥에 방치되고 있었는데, 그중에는 심각한 부상을 입은 사람이 많았다. 대부분의 피해자가 군인들의 진압봉에 맞았지만 혼란에 빠진 군중에 의해 짓밟혀서 부상을 입은 사례도 있었다. 우리는 군인들 사이를 뚫고 부상 정도가 심각한 사람들을 병원으로 옮겼다. 이 작업을 몇 번 반복하니까 군인들이 우리를 저지했고 부상자에게 접근하지 못하도록 통제하였다. 아직 남아 있는 30명가량의 부상자는 자력으로 군용 차량을 넘어야 했다. 여기저기서 "일어나자! 싸우자!"와 같은 구호들이 들렸다. 그리고 이 구호를 외친 사람들은 학생들이 아니라 대부분 일반 시민이었다.

그 의사와 나는 부상 정도가 매우 심한 사람 한 명을 들것을 이용하여 군인들 사이를 뚫고 내가 일하던 전남대병원으로 옮겼다. 그곳의 의사들은 이미 일요일부터 많은 부상자가 병원으로 이송되어 왔고, 지금도 계속해서 환자들이 들어오고 있다고 말했다. 심지어 한 중년 남성은 심한 뇌진탕으로 사망하기 직전이라고 했다. 내가 후송했던 환자는 가톨릭센터 앞에서 작은 꽃집을 운영하던 남자였다. 당시 그의 부상이 얼마나 심각했냐 하면, 내가 2년 후에 그를 다시 만났을 때 그는 11번의 수술을 받은 후였고 말을 하지 못했다.

또 다른 평화봉사단 소속이었던 주디 챔벌린과 나는 귀 수술이 필요한 고아 한 명을 전주의 병원으로 데려가기 위해 전남대병원을 떠났다. 그때가 오후 1시 즈음이었다. 우리는 시내버스를 탔는데 정거장에 거의 다 도착했을 무렵, 한 무리의 군인들이 우리가 타던 버스를 멈춰 세웠다. 우리는 그 사이를 뚫고 나와서 우회로를 이용해 정거장까지 가려고 했다. 진압복 차림의 군인들은 주택 지역의 골목을 돌아다니며 집이나 가게 등에 있는 젊은 남성들을 찾아내어 마구 구타했다. 우리는 그들을 말리려고 했으나 저지당했다.

다른 평화봉사단 사람들에 따르면 버스터미널은 더 혼란스러웠다고 한다. 군인들이 쳐들어와서 젊은 남성들을 대상으로 구타하고 제압했다는 소식이 들어왔다.

**5월 20일(화요일)**

이날 아침은 비교적 조용했으나 여전히 긴장이 가득했다. 나는 일단 출근하는 데에 성공했다. 점심을 먹은 후에 나와 동료들은 근처 터미널 쪽으로 가는 버스를 타고 있었는데 공수부대원들이 길을 막았다. 군인들이 사람들을 향해 진격해서 젊은 남성들을 구타하기 시작하였는데 우리는 가까스로 빠져나올 수 있었다. 내가 지휘관으로 보이는 군인에게 다가갔더니 그는 "몇 명이 죽든 상관없다"라고 소리를 질렀다. 지역 병원에서 일하고 있는 선교사들에 따르면 일요일 오후와 월요일 오전에 부상자들이 내원하기 시작했고 화요일에는 타박상, 찰과상, 골절상 등을 입은 환자들의 수가 너무 많아지자 심각한 부상자들만 받기로 했다고 한다. 나는 화요일 오후에 도시 밖에 있었기 때문에 그 당시에 일어난 일들을 직접 보지 못했지만 다음 날 오후에 돌아올 때 방송국인 KBS와 MBC가 방송을 중단했다는 사실을 알게 되었다. 방송국들이 지닌 며칠간 일어난 사건들을 제대로 보도하지 않고 편파적으로 방송한다고 느낀 성난 시민들이 강제로 방송을 중단시킨 것이었다. 군인들이 경상도 출신이라는 소문이 널리 퍼져 있었다.

**5월 21일(수요일)**

수요일 오전에 나와 평화봉사단 동료는 광주로 복귀하려고 했으나 버스 운행이 중단되었다. 차를 얻어 타고 걸어서 오후 2시쯤 광주에 도착할 수 있었다. 도시로 걸어 들어가다가 공수부대가 아닌 일반 군인들과 조우했다. 이들은 광주 남쪽에 있는 작은 마을인 송정리에서 광주로 들어가는 고속도로를 가로질러서 열을 맞추어 대기하고 있었다. 도시 외곽에 도착하면서 우리는 그동안 도시에서 엄청난 일이 일어났다는 것을 직감할 수 있었다. 도로는 사람들로 꽉 차 있었으며 시위대원들은 시민들이 탈취한 버스와 트럭을 타고 순찰을 하고 있었다. 차에 탄 시위대원들은 M-1 소총으로 무장하고 있었다. 수요일 오전에 시민들이 대규모 시위를 일으켜서 군대와 맞섰고, 버스, 군용 차량, 병력 수송 장갑차 등을 탈취하고 무기고를 습격하여 M-1 소총, 권총, 그리고 탄약을 확보했던 것이었다. 선교사들과 다른 평화봉사단원들은 오후 1시에서 2시 사이에 군인들이 민간인들을 향해 발포했다고 증언했다. 오후 4시 즈음 내가 도시 외곽에 도착했을 때에 이미 금남로에서 심각한 총격전이 벌어지고 있었다. 광주 기독병원은 2시에서 4시 사이에 99명의 중상자가 내원했으며 14명의 사망자가 발생했다고 보고했다. 대로에서 진행되고 있던 교전을 지켜보다가 우리는 근처에 있던 의료기관들을 돌아보며 부상자들을 살폈다. 대부분 총상을 입었지만 총칼에 찔린 사람들도 있었다. 이후에 몇몇 학생이 전남대병원 옥상에 기관총을 설치했고, 군대는 도시 외곽으로 후퇴했다.

**5월 22일(목요일)**

군대가 철수해서 도시는 비교적 조용했지만 여전히 엄청난 혼란에 휩싸여 있었다. 우리는 전남대병원 영안실에서 27구의 시체를 확인했다. 영국과 네덜란드 출신 기자가 우리와 동행했고 우리가 통역을 했다. 우리는 어딜 가든 자신들이 무슨 일을 겪었는지 알려 주려는 인파에 휩싸였다. 특히 시민들은 지역방송국이 사실을 왜곡하고 있다며 크게 분노했고 자신들이 겪고 있는 상황이 제대로 세상에 알려지기를 원했다. 우리는 기독병원으로 가서 부상당한 학생과 대화를 나눴다. 그 학생에 따르면 본인은 서울대학교 학생이며 근처 시골인 담양에서 광주로 오다가 군인들이 쏜 총에 맞았다고 했다. 그는 자신과 함께했던 30명가량의 사람 중에서 자신이 유일한 생존자라고 주장했다.

그날 오후 시민들은 "5.18 수습 15인위원회"(May 18th Coordinating Committee of 15)를 조직했고 군대와 협상을 하러 군사령부가 있는 상무대로 갔다. 그들은 일곱 가지의 요구 사항을 전했는데, 1) 전투부대의 배치를 중단할 것, 2) 계엄군의 과잉진압 인정, 3) 수감된 학생들 및 청년들의 석방, 4) 부상자와 사망자들에 대한 보상, 5) 시민들을 처벌하지 말 것, 6) 상황이 정리된 후 보복행위를 하지 않을 것, 7) 우리의 요구 사항들을 라디오를 통해 전국에 방송할 것 등이 그것이었다. 늦은 오후, 3~5만 명의 인파가 도청 앞에 모여서 어떤 요구 사항을 관철시킬 것인지에 대해 토론을 했다. 강단 위에서는 논쟁이 벌어졌고, 고성과 소란 때문에 누가 무엇을 주장하고 있는지 제대로 알기가 힘들었다. 몇몇 지도자는 정치적인 요구 사항을 반대하고 무장을 해제할 것을 주장했지만, 대부분의 사람은 군대가 모든 요구 사항을 들어 줄 때까지 싸워야 한다는 의지를 강력하게 피력했다. 이 광경을 지켜보는 도중에 정부에서 보낸 첩자로 의심되는 사람이 인파 속으로 잡혀 들어왔다. 그를 보호해 주던 학생이 없었더라면 아마 그는 현장에서 무참히 짓밟혔을 것이다. 사람들은 그에게 침을 뱉고 욕을 했으며 주변에는 그에게 주먹질과 발길질을 하려는 사람들도 있었다. 날이 저물 무렵 위원회의 구성원은 바뀌어 있었으며, 온건적인 타협안에 반대한 집단이 주도권을 잡았다.

**5월 23일(금요일)**

사태는 많이 진정되었고 학생들이 사태 뒷수습, 총기의 회수와 등록을 시작하고 있었다. 오전에는 비행기 한 대가 도심 위를 지나가며 전단지를 뿌렸다. 이 전단지에는 정부에서는 이 사태가 선량한 광주 시민들의 짓이 아닌 외부 세력의 선동으로 인해 벌어진 것임을 알리는 내용이 적혀있었다. 이 전단지과 더불어 TV와 라디오에서 들려오는 왜곡 및 편파 방송 때문에 시민들은 더 분노했고 그런 만큼 더 고립되어 갔다.

전날 결성된 위원회는 해체되었고 그 자리에 학생과 시민들로 구성된 새로운 수습위원회와 항쟁지도부가 들어섰다. 우리는 〈타임〉 지(로빈 모이어, Robin Moyer)와 〈AP〉(테리 엔더슨, Terry Anderson) 소속의 기자들과 만나 우리가 보고 들은 것을 전했다. 이날 우리는 통금 시간을 지키지 못했고 도청 건물 뒤에 있는 작은 여관에서 기자들과 함께 밤을 보냈다. 한 번은 젊은 남성이 우리의 방에 와서 학생들의 입장을 알리려 했으나 수면 부족 탓인지 앞뒤가 안 맞는 말만 하다가 포기하고 돌아갔다. 그날 밤 거리에 돌아다니는 차량의 수는 눈에 띄게 줄었고, 총성 또한 별로 들을 수 없었다.

**5월 24일(토요일)**

우리는 로빈 모이어와 독일 기자 몇 명을 데리고 도청으로 갔고, 출입증을 받아서 도청 안으로 들어갈 수 있었다. 전날 결성된 위원회의 입장을 누가 대변하는지 정확히 판단하기가 어려웠다. 많은 사람이 해외 언론사와 이야기를 하고 싶어했으나 이제 군인들을 도시 밖으로 쫓아낸 시점에서 사태를 어떻게 끌고 가야 할 것에 대해 명확한 입장을 가진 사람은 없었다. 기자회견이 한 번 열렸는데 한국 언론인들은 배제된 채 진행되었다. 이는 국내 언론의 편파적 보도에 분노한 학생들의 의지가 반영된 것이었다. 나는 동아일보 기자 한 명과 대화를 나눠볼 수 있었는데 그는 매우 억울해하고 있었다. 본인은 제대로 된 보도를 하고 있으나 서울에서 이를 검열하고 있다며 분통을 터뜨렸다.

우리는 전남대학교 학생 한 명을 만났는데, 그는 군대가 곧 광주로 진격해 올 것이라고 생각하고 있었다. 그는 군인들 때문에 자신들이 무장할 수밖에 없었다는 사실을 확실히 하고 싶어 했다. 그는 "우리 동네 사람들과 친구들이 눈앞에서 폭행을 당하고 죽어 가는데 가만히 앉아 있을 수 있겠습니까?"라고 말했다. 그는 이 사태가 정치적인 운동이 아니라(비록 정치적인 요구는 있었지만) 군대의 무차별적인 폭력에 맞선 광주 시민들의 집단적 저항에서 비롯된 것임을 외신기자들에게 강조했다. 이러한 입장은 이 학생뿐만 아니라 그동안 우리에게 접근해서 자신들의 이야기를 들려 주던 수많은 사람이 강조하던 바였다.

한 시간 정도 후에 우리는 전남대병원으로 갔다. 입구와 복도는 병원 침대가 즐비했다. 의사들은 인터뷰를 거절했지만 우리에게 부상자와 사망자들을 보여 주기를 원했고, 자유롭게 병원을 돌아다닐 수 있도록 허락해 줬다. 우리는 병원 뒤쪽에 설치된 임시 영안실에 가서 30구의 시신을 확인했다. 수백 명이 몰려와 있었고 유족들은 시체 중에서 친구나 가족을 발견하면 오열을 하곤 했다. 이후에 도청 건물 건너편의 상무관으로 갔는데 여기에도 학생들이 설치한 임시 영안실이 있었다. 여기서는 100구가 넘는 시신이 있었다. 늦은 오후, 도청 앞에 시위가 벌어졌고 전두환 모습을 한 허수아비가 불태워졌다. 약 5만 명이 모였었다. 새벽 3시 30분경에 많은 총성이 들려서 군대가 다시 진격하는 줄로 알았지만 다음 날 아침에 달라진 것은 없었다.

### 5월 25일(일요일)

여전히 긴장이 감돌았지만 비교적 조용한 날이었다. 서울의 언론사는 광주에 만연한 약탈 행위와 생필품 부족 사태를 보도했지만 정작 그러한 불평을 하는 광주 시민은 만나보지 못했다. 의문의 가해자가 도청 건물에 있던 학생 몇 명의 뒷다리를 볼펜으로 찌르는 사건이 발생했다. 사람들은 정부가 도시를 혼란에 빠뜨려서 다시 점령하려는 계획의 하나라고 믿었다. 다음 날 신문에는 "학생 한 명이 바닥으로 쓰러졌고 상처에서 독을 빨아주려던 동료 학생도 곧이어 쓰러졌다. 둘 다 중태에 빠져 있다."라는 기사가 실렸다. 나는 이 중 한 명을 알고 있었기 때문에 그를 만나러 병원으로 향했다. 그는 단지 피곤해서 쉬고 있었다며 무슨 일이 일어났냐고 나에게 되물었다. 의사는 학생이 심각한 부상을 입은 것은 아니고, 독이 아니라 잉크가 들어 있는 볼펜으로 찔린 것이라고 했다.

우리는 시내에서 열린 한 집회에 참가했는데 버스 운행이 재개된다는 소식을 들었다. 분노한 사람들 몇 명이 우리에게 다가와서 위컴 Wickham 장군이 광주 사람들을 사살하는 것을 허가한 것이냐고 물었다. 실랑이 끝에 우리는 아는 것이 없다고 그들을 겨우 설득할 수 있었다.

### 5월 26일(월요일)

주디 챔버린과 나는 선교사들과 만나서 외국인들을 광주에서 대피시키는 문제로 회의를 했다. 선교사들과 모든 외국인은 광주에서 떠나야 한다는 전갈을 받은 상태였다. 그런데도 우리는 전부 도시에 남기로 결정했다. 마사 헌틀리의 증언은 다음과 같다.

5월 26일 아침에 기독교 병원에서 일하던 간호사 한 명이 집으로 찾아와서 "김 양"이라는 젊은 여성 한 명을 소개해 줬다. 김 양은 자기를 만나러 광주로 왔다가 사태가 터지자 도시에 갇혔다고 말했다. 그날 아침 누군가가 옆집 사람들을 모두 몰살해 버렸기 때문에 김 양이 선교사들과 함께 지내도 되느냐고 물었다. 헌틀리 여사는 이를 허락해 줬다. 한 시간 후 즈음에 갑자기 전화가 울렸다. 일주일 전에 광주의 전화 서비스가 모두 차단된 것을 감안하면 매우 이상한 일이었다. 청와대에서 걸려온 전화였다. 알고 보니 김 양이 최규하 대통령의 친척이었던 것이었다. 하루에 몇 번씩 청와대에서 전화가 와서 그녀의 상태를 물어보곤 했다. 김 양은 최규하 대통령 주위에는 그의 눈과 귀를 가리려는 사람들밖에 없고, 그에게 진실을 알리려고 하면 자신의 생명이 위험해질 수 있다고 주장했다. 그녀의 남편과 동생도 청와대에서 근무를 했었고 본인은 미군 병원에서 근무했었다고 한다. 결국에 그녀는 헬리콥터를 통해 광주를 떠날 수 있었다.

그날 오후 우리는 상무관에서 열린 합동영결식에 참석했다. 약 40개의 관이 준비되어 있었다. 장례가 끝난 후 우리는 도청으로 갔는데 그곳에는 20여 구의 시신이 있었다. 늦은 오후에는 〈뉴욕타임즈〉의 헨리 스콧 스톡스 Henry Scott-Stokes 기자를 만났다. 그는 미국 정부가 한국 정부를 설득하여 광주를 폭격하는 것을 저지시켰다고 말했다. 나는 내가 근무하는 병원으로 가서 피부과 의사 한 명과 대화를 나눴다. 그는 도시 외곽 지역에 있는 군 병원에 근무를 나갔다 왔었는데, 한 시간 동안에 50구의 시신이 영안실로 공수되는 것을 봤다고 했다. 그날 밤, 군대가 다시 도시로 진격할 것이라는 소문이 만연해 있었다. 사람들은 모두 매우 불안해했다.

**5월 27일(화요일)**

주디 챔버린, 데이비드 돌린저, 그리고 나는 새벽 3시경에 잠에서 깼다. 군대가 탱크를 앞장세우고 폭탄을 터뜨리며 진격하기 시작했다. 밖에서는 광주 시민들은 도청으로 모여서 도시를 지키자고 호소하는 여성의 목소리가 들려왔다. 그녀의 간절한 목소리는 총성으로 묻히기 전까지 약 한 시간 동안 들을 수 있었다. 오전 5시 30분경에는 우리가 있는 2층 방 바로 밑까지 군인들이 들이닥쳤다. 그들은 곳곳에 숨어 있는 "폭도"들을 찾고 있었다. 그들은 평범한 군인들이었으며 팔에 흰색 띠를 두르고 있었다. 8시 반에 우리는 시내로 갔다. 길가에 피가 흥건히 묻어 있었으며 여기저기에 탱크와 군인들이 있었다. 15구의 시신을 확인했다. 어떤 군인은 광주에서 공산주의 반란이 있어서 이를 진압하러 왔다고 우리에게 말했다. 우리는 도청으로 향했다. 건물의 좌측 편은 무수한 총탄 때문에 완전히 파괴되어 있었다. 며칠 전에 함께 말을 나눴던 한 학생은 2층 창가에 반쯤 불에 탄 채로 죽어 있었다. 군인들은 체포된 시민군들을 줄로 묶은 후에 머리에 발길질을 했다. ABC News 소속의 한 기자는 이 광경을 보고 분노하며 구타행위를 말리려고 카메라를 땅에 내려놓고 달려갔으나 군인들은 그를 밀어냈다. 우리는 공격을 목격한 기자들을 만나러 다녔다. 그들은 자신들이 묵었던 방 벽에 박힌 총알들을 보여 주며 촬영하지 말라는 경고의 의미로 군인들이 자신들에게 총을 쐈다고 했다. 그날 내내 군인들은 길가를 돌아다니며 주택과 가게들을 수색하여 사람들을 잡아갔다. 그리고 폭도로 의심되는 자들을 숨겨 주지 말라고 경고하곤 했다. 광주항쟁은 이렇게 막을 내렸다.

### 언론 보도

대한민국 정부에 따르면 당시에 191명이 목숨을 잃었다. 사망자 수는 기관에 따라 300명에서 2000명까지 다양하다. 정확히 몇 명이 죽었든, 광주항쟁에 대한 평가는 보는 관점에 따라 확연하게 다르다는 점은 분명하다. 당시 이 사태에 관해 북한, 남한, 중국, 그리고 소련의 보도를 종합해 보면 그 차이 역시 분명하게 드러난다.

소련의 보도는 북한과 비슷하나 사태를 극적으로 묘사하지는 않았다. 사건을 혁명으로 묘사하였으며, "노동자들은 어깨를 맞대며 학생들과 행진했다"와 같은 표현들을 사용했다. 소련 측은 이 사태의 원흉으로 억압적인 정권을 지목했으나 미국의 역할을 더 강조하며, "광주에서 일어난 비극에는 미국의 직접적인 책임이 있다"라고 보도했다.

소련은 또한 "중국의 패권주의자들이 미국의 책략을 묵인하고 있다"라며 중국을 탓하기도 하였다. 그러나 전체적으로 소련의 보도들은 광주항쟁에 관련된 사실 전달이나 수치에 관해서는 매우 정확했다. 소련은 아마도 대한민국 정부의 잔혹한 진압보다는 미국의 정책을 비난하는 데에 더 관심이 많았던 것으로 판단된다.

중국도 북한의 논조를 따랐으나, 흥미롭게도 미국이나 미국의 정책 기조를 직접적으로 비난하지는 않았다. 중국의 미국 비판은 간접적이었으며 북한이나 다른 해외 언론사들의 몫으로 떠넘겼다. 또한 광주항쟁을 사회주의 운동으로 묘사하려 했으며, "수천 명의 소작농이 시골에서 모여들었으며, 광부들은 폭발물을 들고 함께했다"라고 표현했다. 광주항쟁에 관한 중국의 비판은 간접적이었으며 '최종 심판은 역사가 할 것이다'와 같은 우회적 표현을 사용했다. "대한민국 파시스트 정권의 살육은 역사가 심판할 것이다"와 같은 논조가 그것이다.

5월 29일까지의 북한의 보도는 비교적 정확했다. (따라서 이를 인용하는 소련과 중국의 보도도 마찬가지였다.) 가끔은 사실을 매우 과장하곤 했다. "시위대들은 바닥이 피로 물들 때까지 곤봉으로 맞았다"와 같은 표현을 쓰고, 노동자, 광부, 농민들의 역할을 과대평가하기도 했으나 사건들의 사실은 정확하게 전달되었다.

　5월 19일에는 "미국도 잘못이 있다"라고 보도했고, 5월 30일에도 "미국은 책임을 져야 한다"라고 주장했다. 그러나 5월 29일부터 북한의 보도는 심각하게 과장되기 시작했다. 노동 신문에서는 "꼬마 아이들이 나무에 목이 매달렸고, 7살 아이 하나는 고문실로 끌려갔다."라는 기사가 실렸고, "역사상 이렇게 잔혹한 학살 사건이 일어난 것은 처음이다."라고 강조했다. 1980년 이후 광주항쟁을 언급하지 않는 북한 매체는 별로 없을 정도였으며 소설, 논설, 정치적 발언 등에서 많이 인용되었다. 하지만 대부분은 매우 과장되어 인용되었다. 영어로 발간되는 북한 잡지인 〈Korea Today〉의 최근 호에서 한 예를 찾아볼 수 있다. 예를 들면 "공수부대원들은 나체로 나무에 묶인 여인에게 단검을 쑤시며 솟구치는 피를 보며 기뻐했고, 절망하는 어미는 하나님을 찾았다. 그녀는 희망에 찬 눈으로 북쪽 하늘을 지켜봤다."라고 묘사하고 있다.

　대한민국 언론은 진실과 거짓을 섞어가며 사태를 축소하고 사실을 크게 왜곡했다. 5월 21일에는 다음과 같은 기사가 실렸다. "600명의 학생이 시위를 시작했으며 만연하는 헛소문들 때문에 시민들이 분노하여 시위에 참가했다." 대한민국 대중에게 이 사태의 심각성을 알리는 보도나 기록은 계엄군 사령부가 5월 22일에 "지난 일요일에 시작된 폭동이 아직까지 진행되고 있다"라고 밝히는 정도였다. 10일 내내 군인과 경찰들의 사망 소식은 매우 강조된 반면에 시민들의 사망 소식은 거의 무시되었다. 5월 21일 자 신문에는 "21일 아침에 5명의 경찰과 군인들이 사망하였으며 1명의 시민이 죽었다. 군경 부상자는 34명이었다. 군인 한 명은 돌진하는 차량에 치어서 사망했다."라는 내용의 기사가 실렸다. 군인들의 잔혹함은 전혀 보도되지 않았다. 오히려 언론에서는 "평화적으로 진행되던 시위가 외부에서 침투한 불순 세력들에 의해 현혹되고 변질되었다."라고 주장했다. 광주항쟁이 벌어지는 동안 대한민국 정부는 이미 수감 중인 김대중에게 책임을 전가하려고 했다. 5월 21일 TV 뉴스는 "김대중이 사주한 최근 사태가 더 확산되고 있습니다."라고 보도했다. 〈Korea Herald〉 5월 30일 자 기사는 "광주는 평화를 되찾았다. 정부에서는 최대의 관용을 베풀 것"이라고 전했다.

### 정부 발표

1980년 6월 1일, 계엄사령부는 "김대중이 선동한 광주의 조선대학교 및 전남대학교 학생들이 도청 앞에서 시위를 벌였으며 이는 곧 난폭한 폭농으로 변질되었다. 불순 세력들의 협조를 받으며 북한 간첩들도 이 사태에 개입했다"라고 발표했다. 1980년 6월 5일에는 더 상세한 보고가 발표되었으며, 김대중을 광주항쟁의 주동자로 지목하고 그가 잔인한 폭동을 사주하고 조직했다고 주장했다. 반란의 중심에 있었던 학생들은 김대중의 지시를 비밀리에 전달하는 선동가들에게 포섭되었다는 혐의를 받았다. 특히 계엄군 사령부는 김대중이 전남대학교 학생인 정동년에게 활동비 명목으로 5백만 원을 건넸다고 발표하고, "정동년이 5월 18일 학생시위를 일으키도록 부추겨서 결국 10일간 진행된 폭동으로 변질되어 버렸다"라고 결론을 내렸다. 이 수사보고서는 계속해서 "5월 18일 김대중은 서울에서 약 40명의 불순 세력을 광주로 보냈으며 이들은 시위자들로 위장하여 부엌칼, 괭이, 쇠방망이로 경찰들을 구타하고 공공건물들을 불태우고 파괴했다. 또한 김대중의 직속 부하 10명이 광주에 침투하여 헛소문을 퍼뜨렸다"라고 기술했다.

대다수의 국민은 믿지 않았으나, 대한민국 정부는 그후에도 계속적으로 세부 사항을 조금 수정한 것 외에는 본래 보고서의 내용을 바꾸지 않았다. 1980년 8월에 미국 대사관은 대한민국 정부가 김대중에게 씌운 혐의는 "근거가 없다"라고 선을 그었다. 5년 후 1985년 6월 8일, 재야인사들의 끈질긴 재조사 요구에 국방부장관 윤성민은 국회에서 다음과 같이 발언했다.

9일간의 광주사태는 계엄군과 시위대 간의 갈등으로 인해 촉발되었고, 이는 급진적인 전남대학교 학생들이 계엄군을 향해 돌을 던지며 시작되었다. 그러나 외부에서 유입된 불순 세력들이 시민들의 감정을 선동하면서 사태는 걷잡을 수 없이 커지게 되었다. 그들은 헛소문을 퍼뜨리고 뒤에서 사건을 조종했다. 무장한 폭도들이 날뛰고 있는데도 군은 시민들의 안위가 걱정되어 마지막 순간까지 최소한의 자기방어마저도 자제했다. 군인들이 폭도들에 의해 학살됨에도 불구하고 군은 사태가 확산되고 악화되는 것을 막기 위해 모든 노력을 쏟았다. 광주사태 뒤에는 정치 세력의 사주가 있었다. 이는 대법원의 판결에 의해 밝혀진 사실이다.

마지막 발언은 김대중이 내란죄로 사형 선고를 받은 것을 가리키는 것으로 보인다.

## 결론

대한민국 정부 발표문의 핵심은 '정치 세력'과 '외부 불순 세력'의 사주와 헛소문에 의해 광주 시민들이 선동당했다는 주장이다. 정부 보고서를 비롯한 목격자의 증언 등을 자세히 분석해 보면 이 주장은 완벽하게 잘못된 것이라는 것을 알 수 있다. 우선 분석의 명확을 기하기 위해 필자는 5월 18일 오후를 두 단계로 나누어 살펴보자. 첫 단계는 3시까지이고 그 이후 단계는 공수부대의 투입이 결정된 3시 이후다.

앞에서 언급했듯이, 초기에 사람들이 모이게 된 이유는 시위가 애초에 사람들이 많았던 시내 지역에서 진행되었기 때문이다. 그러나 정부 보고서는 처음부터 외부 세력이 사람들을 모았고 반란을 일으키라고 선동했다고 주장한다. 즉, "5월 18일 정오부터 전라도 주민들을 흥분시킬 목적으로 퍼뜨려진 헛소문들이 나돌기 시작했다"라는 것이다. 이 주장에 따르면 실제로 외부 선동가가 개입했다면, 그들은 이미 군을 투입하려는 정부의 계획을 알고 있었어야 했다. 왜냐하면 5월 18일 정오에서 3시까지 광주 시내에 있었던 병력은 전투경찰이 전부였기 때문이다. 정부 보고서도 전라도 주민들을 "흥분시킬" 목적으로 경상도 출신의 공수부대원들이 동원되었다는 헛소문을 퍼트렸다고 지적하고 있다. 그러나 시위대의 규모는 지속적으로 커지긴 했지만 특정 인물들이 나서서 사람들을 선동하고 결집시키려 했다는 근거는 전혀 없다. 또한 김대중의 사주를 받아서 반란을 기획했다는 혐의를 받았던 전남대학교 학생은 당시에 다른 죄명으로 이미 체포된 상태였다.

군중행동 연구에 따르면 "군중은 종종 지도자 공백 사태에 놓이게 된다." 광주항쟁 당시 군중행동은 지도자의 선동보다는 자신들을 향해 진격해오는 계엄군에 대한 집단적 대응 행태에 더 영향을 받은 것으로 봐야 한다. 이러한 초기 대응은 로저 브라운Roger Brown이 제시한 집단폭력의 고전적인 유형을 따른다고 볼 수 있다.

사람들은 각자의 동기를 마음속에 간직한 채 집단행동에 참여한다. 집단의 목적에 부합하는 열정에서부터 단순한 호기심에 이르기까지 그 동기는 다양하다. 몇몇은 자신들의 감정을 분명히 표현할 수 있지만 대부분의 사람은 자신들이 가진 동기와 공포를 의식하지 못한다. 전체적인 관점에서 종합해 보면 서로 다른 감정을 갖고 있는 사람들이 모인 방향성을 잃은 집단이 생겨나는 것이다.

이것이 바로 우리가 5월 18일에 목격한 군중의 성격과 일치한다.

브라운은 '집단'을 선동자와 추종자로 나누고 있다. 그의 분류 방식에 따르자면 학생들은 선동자로 분류되겠지만 정부의 주장에 따르면 "외부에서 온 불순 세력"의 개입이 있었기 때문에 학생들은 선동자가 아닌 셈이다. 나아가 학생들이 돌을 던지며 사건을 촉발한 것은 사실이지만, 이를 지켜보던 수많은 군중의 지도자로 나서기에는 역부족이었다. 그날 오후 광주 시내에 있었던 군중의 대다수는 '관심은 있으나 의견은 엇갈리는 추종자'였다. 사람들은 길가에서 학생들과 전경들이 서로 돌을 던지는 광경을 지켜보고 있었을 뿐, 3시 이전에 사람들의 적극적인 대응을 불러일으킨 사건은 최루탄의 과도한 사용이었다.

우리가 관찰한 바에 따르면 "군중 행위는 너무나 빠르게 진행되기 때문에 소문과 유언비어의 영향을 받지 못한다"라는 샘 라이트Sam Wright의 주장도 설득력이 있어 보인다. 5월 18일에 진행된 시위는 4시간밖에 지속되지 않았다. 계속해서 인파가 움직이는 동안 급변하는 상황에 대해 사람들이 모여서 토론할 시간은 없었고, 사람들은 너무나도 급격하게 대응하고 있었다. 소수의 학생을 제외하고는 대부분의 사람은 자신들 눈앞에 벌어지는 상황에 즉흥적으로 대응했을 뿐이며, 정부 발표대로 '소문'을 듣고 외곽 지역에서 도심으로 결집했다고는 볼 수 없는 상태였다.

사태가 진행되면서 시위에 직접 참여하는 사람들의 수가 늘어났다는 사실은 놀랍지 않다. 리차드 버크Richard Berk가 지적했듯이 추종자들은 집단행동에 참여하는 자신들의 이해 득실과 명분을 지속적으로 따지기 마련이다. 몸을 사리는 사람들도 물론 있었지만, 다수의 사람은 직접 행동하는 것이 자신들의 이해관계와 일치한다고 판단했다. 즉, 그들은 자신의 행동이 정당하다고 믿었다. 시위가 처음 시작되고 오후 3시까지 사람들은 단순히 전경들과 대립했을 뿐이었다. 이 사람들은 우리가 서울에서 목격한 수많은 시위보다 더 과격하거나 폭력적으로 행동하지 않았다. 특히, 전년도 10월에 부산과 마산에서 벌어진 시위보다는 확연하게 더 평화로웠다.

3시가 되자 공수부대가 등장했고, 군의 전략은 눈에 띄게 바뀌었다. 이 때문에 상황이 급격하게 변했는데, 나는 이 사건이 광주 시민들이 군대에 대항한 시위대를 지지하게 된 이유를 분석하는 데에 핵심적 요소라고 생각한다. 초기에는 소규모 시위였지만 이틀 후에는 10만 명이 참여하였다. 군인들이 3시에 돌격을 해서 비교적 소수의 사람을 제압했을 때에 그들은 임시적으로 질서를 유지할 수 있었으나, 이는 앞으로 며칠간 일어날 통제 불가능한 폭력의 굴레를 촉발한 것이었다. 추종자들은 곧 주동자가 되었고 유언비어가 나돌았고, 다수의 사람이 군인들에게 폭력으로 맞서는 것이 정당하다고 믿게 되었다.

그다음 날 5월 19일에 일어난 사건들은 이미 불타는 집에 기름을 붓는 꼴이었다. 목격자 증언들에 따르면 공수부대원들은 끊임없이 무력으로 사람들을 통제하려고 했다. 주거 지역을 돌아다니며 젊은 남성들을 수색하고 구타하는 행위는 시민들의 공분을 사기에 충분했다. 수천 명의 시민이 직접 목격한 이 군인들의 잔혹함은 그 어떤 "선동, 사주, 소문"보다 사람들의 봉기를 촉발하는 데 훨씬 더 효과적이었다.

정부 보고에 의하면 5월 18일, 김대중은 40명의 깡패를 광주에 보냈고 그들이 경찰관들을 부엌칼, 괭이, 그리고 쇠방망이로 공격했다고 했다. 나에게는 이 주장이 사실인지 판단할 근거가 전혀 없다. 그러나 나는 일요일 내내, 그리고 월요일의 대부분을 시위의 중심에 있었지만 시위대가 돌멩이 외에 다른 무기를 쓰는 것을 단 한번도 보지 못했고, 이는 당시 대한민국 시위에서는 아주 일상적인 모습이었다. 목격자 증언들 중에서도 시위대가 부엌칼, 괭이, 쇠방망이를 사용했다는 증거는 전혀 없다. 물론 화요일 오후 즈음에 이르러서는 이미 많은 사람이 무기를 들기 시작했지만 이 시점에서 이미 광주항쟁은 학생이나 소위 "폭도"들의 시위가 아닌 도시 전체 규모의 항쟁으로 확산된 상태였다.

선교사들과 평화 봉사단의 증언들에 따르면 "최소한의 자기방어만 행사하며 마지막 순간까지 자제력을 잃지 않았다"라거나, "상황이 더 악화되지 않도록 모든 노력을 다했다"라는 군인들의 주장은 전부 거짓에 불과할 뿐이다. 모든 증언을 종합해 보면 공수부대원들은 5월 18일 오후 3시에 도착했고, 아마도 이미 진압봉을 이용해 시위대를 제압하라는 명령을 받은 것으로 확인된다. 이들의 행동에서 "자제력"은 전혀 보이지 않았다. 심지어 서울에서 진행되었던 시위에서 10만 명의 학생들이 거리를 메웠는데도 서울의 전경들은 광주에서보다 훨씬 더한 자제력과 조심성을 보였다. 시위가 시작된 시점에서 무력 진압 명령이 내려질 때까지는 4시간밖에 걸리지 않았다. 무력 사용이 사람들을 위협하려고 한 것인지, 혹은 사람들을 자극하려고 한 것인지에 대해서는 논의가 필요하지만 분명한 지휘체계를 갖춘 대한민국 군인들이 개별적인 행동을 했다고는 믿어지지가 않는다. 분명히 어떤 명령이 있었을 것이다.

이후에 벌어진 모든 사건은 이 "명령"에 의해 촉발되었다. 시민들이 군인들의 잔혹함을 직접 목격하지 못했더라면 학생들의 정치적인 요구들은 아마 지지를 얻지 못했을 것이다. KBS가 왜곡과 편파로 얼룩진 방송을 통해 상황을 악화시켰으며 시민들을 분노케 했다. 폭력의 희생자가 소수였다면 광주 시민들은 이른바 "유언비어"들을 믿지 않았을 것이다. 대부분의 소문은 아마도 사실이 아니었을 테지만, 방금 눈앞에서 믿기지 않을 정도의 잔혹한 폭력을 목격한 시민들은 정부보다는 학생, 동료 시민, 그리고 친구들을 믿을 수 밖에 없었다. 군이 폭력을 가하는 순간 당시의 정치체계와 권력층에 대한 비판과 저항은 당연한 것이었다.

쟁점은 결국 군이 오판을 한 것인지 아니면 계획적으로 도발을 한 것인가로 모인다. 대한민국 군대의 공식 자료를 열람하기 전까지는 화실한 결론을 내리기 힘들지만, 그들이 무력을 사용한 이유를 유추할 수 있다. 계엄령이 전날 저녁에 선포되었고 당시 권력자들은 자신들에게 대항하는 첫 번째 장애물을 광주에서 만난 것이다. 그들은 아마도 무자비한 폭력을 행사함으로써 다른 곳에서의 시위를 좌절시키고 질서를 유지하려는 자신들의 확고한 의지를 보이고 싶었을 것이다.

1979년 10월 일어났던 부마항쟁과 비슷한 사태를 막으려고 과잉진압을 했었을 수도 있다. 5월 19일에 군 지휘관 한 사람은 내가 일했던 병원의 의사들에게 부마항쟁 때에 군의 대응전략이 광주시위대를 제압할 때에도 그대로 적용될 것이라고 말했다고 한다. 그 때처럼 사태의 초기 상황에서는 사람들에게 겁을 주려고 무력이 사용되곤 했었다. 만약에 이게 진정 군의 전략이었다면 군은 자신들이 사용한 무력이 초래할 결과를 예측하지 못했거나, 이를 직접 실행에 옮긴 병사들이 너무나 '열심히' 작업을 수행했기 때문에 이러한 상황을 초래한 것으로 예상할 수 있다.

아직 증명하기는 힘들지만, 군의 의도적인 도발 역시 정황상 설득력이 있다. 광주항쟁 초기에는 5월 18일 이전의 상황보다는 그 이후의 상황에 이목이 더욱 집중되었다. 5월 17일 밤에 실질적인 쿠데타가 일어나고 주요 정치인들과 수백 명의 학생과 종교인들이 체포되었다는 사실은 광주항쟁 이후의 엄청난 혼란 때문에 묻히고 말았다. 사태 이전에 이미 수감되었던 김대중이 반란의 주동자로 혐의를 받았고 유죄 판결을 받았다. 전남대학교 학생이었던 정동년을 포함한 다른 학생들 또한 내란 혐의가 적용되었다. 몇몇 인권단체는 군이 일부러 상황을 조작해서 정치 개입과 재야 인사인 김대중의 체포를 정당화했다고 주장한다. 이 분석에 따르면 광주는 두 가지 이유로 선택되었다고 한다. 첫째, 김대중의 고향이고, 둘째, 광주 시민들에 대한 지역감정 때문에 군부가 다른 지역 사람들의 동조를 얻기가 편했기 때문이다.

폭력이 사용된 이유가 무엇이 되었든 간에, 초기 저항과 정부의 과잉진압은 5월 17일의 실질적인 쿠데타의 결과인 것만은 분명하다. 한나 아렌트Hannah Arendt가 지적한 것처럼 "권력 누수를 느끼는 자들은 폭력의 유혹을 견디기 힘들어한다." 이 주장은 1980년 봄의 대한민국의 정치상황에도 그대로 적용될 수 있을까? 광주항쟁의 발발 이전에 군부는 정치권력을 잃을 위기에 놓였던 것은 사실이다. 대선이 약속되어 있었고 유신헌법은 철폐되었으며 20년 만에 처음으로 군인이 아닌 민간인이 대통령으로 선출될 가능성이 매우 높았다. 군부는 박정희 전 대통령의 암살 이후 꿈틀댔던 자유화를 향한 움직임이 탐탁지 않았고 이를 막기 위한 새로운 전략을 원했을 것이다. "대학생과 노동자들 사이에 존재했던 무질서는 안보의식의 부족이 초래한 것이다"라는 국방부장관의 사태 인식은 이러한 관점을 잘 보여 주고 있다. 5월 17일 밤에 쿠데타가 진행되었을 당시 군부는 권력을 다시 잡기 위해 적극적으로 행동했고 정치 일정을 바꾸기 위한 의지를 명확하게 표명했다. 이에 대한 저항이 일어나자 그들은 폭력으로 대응했다. 결과는 자명했다. "폭도"들이 광주를 10일 동안 점령했지만 군부는 결국 승리했다.

그러나 그들은 상처뿐인 승리를 거둔 것일지도 모른다. 한나 아렌트는 "권력을 폭력으로 대신하면 승리를 가져다 줄 수도 있지만 그 대가는 비극적이다. 패배자뿐만 아니라 승리자 또한 자신의 권력 때문에 대가를 치러야 하기 때문이다"라고 지적했다. 광주항쟁 이후 종교계, 노동계, 재야, 그리고 학생들에 의해 현 정부의 정당성은 끊임없이 위협받아 왔다. 1986년 10월 건국대학교에서 진행되었던 과격 시위는 당시 정권의 위태로운 처지를 잘 보여 주었다. 광주사태의 진상이 규명되지 않고서는 정권의 정당성이 계속해서 도전받을 것이고, 공개적이고 공정한 조사를 진행할 경우 정부는 자기 자신을 기소해야 할 처지에 놓이게 될 것이다.

광주항쟁은 대한민국 정치의 최대 분수령이다. 그런데도 지금 시점에서 사태의 원인을 결론짓는 작업은 여전히 할 수 없다. 많은 요인이 존재했고 명확한 분석을 위해서는 군부의 성실한 협조뿐만 아니라 더 많은 목격자 증언을 수집하고 확인해야 한다. 5월 18일과 19일 특수부대가 행한 폭력의 잔혹함은 당시 진행되었던 시위의 성격을 고려했을 때에 과도했던 것은 확실하다. 그러나 정부 보고서에서는 단 한 번도 군인들의 과잉진압을 인정하지 않았고 누구에게 책임이 있는지도 명확하게 밝히지 않았다. 정부는 시민들의 과격 행위를 탓하고 있으나, 왜 시민들이 이렇게 과격하게 돌변했는지를 설득력 있게 설명하지 못하고 있다. '유언비어' 때문에 10만 명의 시민이 무장 저항을 했다는 주장은 사실에 근거를 두고 있다고 할 수 없다. 반면 일부 인권단체들은 아직 확인되지 않은 자료들을 바탕으로 군인들의 야만적인 진압 사례를 고발하고 사상자의 수에 집착한다. 숫자가 중요한 것이 아니다. 단 한 명의 사상자만 발생했더라도 이는 용납되어서는 안 되는 것이다.

투명하고 공정한 진상 조사의 부재는 이미 많은 혼란을 야기하였다. 많은 한국인에게 5월 17일의 쿠데타와 광주항쟁은 서로 얽혀져 있어서 분리되어 평가되고 있지 않다. 현 정권이 이룩한 외교 성과와 경제 성과는 이 정권이 권력을 잡게 된 과정에 대한 반감 때문에 빛을 보지 못하고 있는 것도 사실이다. 그러므로 정확한 증거 및 수치와 함께 광주 소재 병원(군 병원을 포함하는) 자료, 병력 배치 상황, 그리고 당시 광주 시민들의 증언들이 포함된 공명정대한 보고서를 시급히 작성해야 한다. 그러나 현 단계에서 이러한 보고서가 만들어질 가능성은 희박해 보인다. 결국, 이런 상태가 계속되면 광주에서의 10일간의 사건은 비밀과 음모에 의해 은폐되어 새로운 갈등과 폭력, 광주 시민들의 고통만 초래할 것이다.

# 팀 원버그

Tim Warnberg(1954~1993)

평화봉사단으로 1978년 처음 한국에 온 팀 원버그는 1954년에 태어나 미국 미네소타 주의 소도시인 브레이너드에서 어린 시절을 보냈다. 8남매 중 셋째였던 그는 누나 록산느와 가장 친했는데, 록산느에 따르면 그는 부모님의 장점을 골고루 물려받았다고 한다.

팀의 부모님 두 분은 모두 당시의 기준에서 매우 진보적이었다. 보안관이었던 아버지는 친화력이 뛰어났다. 다양한 주제로 대화를 나누고 유머 감각이 풍부해 늘 사람들과 잘 어울렸다고 한다. 보안관 업무에 열정적이었던 아버지는 업무를 수행하다가 체포된 사람들 역시 다른 사람과 마찬가지로 존중했는데, 감옥에 있는 사람과 그렇지 않은 사람을 나누는 미세한 선은 바로 '빈곤'이라고 이야기하곤 했다.

어머니는 전업주부로, 조용하고 따뜻한 성품으로 도움이 필요한 사람들에게 언제나 음식을 나눠 주거나 집에서 머물 수 있도록 도왔다고 한다. 덕분에 팀의 집은 여덟 남매, 친척들과 함께 언제나 사람들로 붐볐다. 록산느는 팀이 아버지와 어머니에게서 친절함, 너그러움을 골고루 받았다고 말한다.

팀은 공부를 아주 잘했고 운동에도 소질이 있어 육상 경기에서 많은 상을 받았다. 눈에 띄게 잘생긴 외모에 자신감이 넘쳤지만, 거만하지 않아 학교에서 인기가 많은 학생이었다. 개성이 강한 사람들을 좋아해 먼저 다가가 말을 걸기도 하고, 왕따를 당하던 친구의 집에 자주 놀러 가기도 했다. 팀은 그 친구가 특별하고 흥미로운 점이 있다고 생각했고, 그의 삶에 대해 듣고 싶어 찾아간 것이었다. 팀의 이런 진심어린 면 때문에 많은 사람이 그를 좋아했다.

전학 온 키브 페어뱅크스와 팀은 음악 취향이 비슷하다는 것을 알게 되었고, 두 사람은 평생 가장 친한 친구가 된다. 재니스 조플린의 콘서트에 가기 위해 기차에 무임승차하는 등 음악에 대한 열정이 가득했다. 그에 따르면 팀은 넘치는 지적 호기심이 넘쳤고 늘 무엇인가를 읽고 있었다고 한다.

여행하며 사람들을 만나서 경험을 쌓는 것을 좋아해, 한 해 여름을 전국 히치하이킹하며 여행하거나, 대학 시절에는 자전거 회사의 후원으로 토론토에서 마이애미까지 자전거 여행을 하기도 했다. 미네소타 대학교를 졸업하고 의과대학에 진학하고자 했으나 실패했고, 필요한 경력을 쌓기 위해 평화봉사단에 지원했다. 한국에 도착한 그는 새로운 언어, 문화, 친구들을 사랑했다.

한센병에 걸린 사람들과 일한 경험은 세상을 바라보는 팀의 인식을 바꾸어 놓았다. 이 책의 저자인 데이비드 돌린저는 한국에서 한센병과 관련한 일은 팀이 인간의 본성과 존재의 이유를 배우는 데 도움을 주었다고 생각한다. 두 사람은 결혼을 앞둔 남성에게 한센병이 걸렸다고 통보하기 하루 전 대화를 나누었는데, 팀은 환자의 상황 때문에 무척 고통스러워했다고 한다. 당시 한국에서 한센병에 걸리면 친구, 가족, 사회로부터 배척당했고, 다른 곳으로 수용되었다. 팀은 환자와 이야기를 하던 중, 그가 결혼을 앞두고 있다는 사실을 알게 되었고, 인생을 송두리째 바꿔버릴 진단을 알려야 하는 것에 팀은 너무 마음이 아팠다.

전라남도에서 일했던 평화봉사단원들이 주말에 광주에 놀러 가면 가장 먼저 찾아가는 사람은 팀이었다. 광주는 팀의 무대였다. 언제나 팀을 반갑게 맞아 주었고, 숨은 맛집과 놀러 갈 곳을 알았다. 광주에 발이 묶여도, 팀의 집을 알고 있으면 걱정할 것이 없었다. 그는 훌륭한 디제이와 라이브 밴드가 있는 곳을 알았고 데이비드는 거기에서 팀과 힘께 음악을 함께 듣곤 했다.

당시 이홍철 씨는 팀이 자주 가던 뮤직바에서 DJ를 하고 있었는데 팀은 밥 딜런과 비지스의 음악을 자주 신청했다. 두 사람은 여름에 냉면을 먹으러 가기도 했는데, 물냉면보다 비빔냉면을 좋아했던 팀은 계속 물을 들이키면서도 맵지 않다고 했다고 한다. 광주항쟁 당시 방송 기자재를 다루던 이홍철 씨는 팀이 그를 외신기자들에게 데려갔었다고 한다. 신분이 알려질까 봐 인터뷰를 거부했으나 외신기자들이 광주의 이야기를 알려줄 것이라는 팀의 설득으로 응했다고 한다(〈오마이뉴스〉, 소중한 기자, 2020).

당시 〈AP 통신〉 기자로 광주를 취재하던 테리 앤더슨은 팀이 적극적으로 취재를 도운 내용을 생생하게 기억하고 있었다. 알려진 바와 같이 국제사면기구의 활동가로 신분을 숨기고 인터뷰를 했던 것과 통역을 한 일 이외에도 팀은 차량을 빌릴 수 있는 한국인 목사를 소개해 주기도 했다고 한다. 당시 테리 앤더슨은 팀이 광주에서 그가 본 일에 분노하고 있었다고 회상했다.

존 언더우드와 그의 아내 진은 1960년 후반 선교사로 광주에 거주하고 있었다. 팀 원버그와 주디 챔버린은 그들과 가깝게 지냈고 광주항쟁 기간 동안 자주 만나기도 했다. 1980년 6월 초에 존 언더우드는 광주항쟁에서 목격한 내용을 기록해 이를 미국대사관에 전달했는데, 그는 이 문서에서 평화봉사단원이 '비폭력적 개입'을 통해 미국인들의 위상을 높이는데 많은 기여를 했다고 적었다. 그가 말하는 이 평화봉사단원은 팀 원버그로 팀은 항쟁 초기 구타당하는 민간인을 목격하면 달려가서 그들을 껴안아서 보호하곤 했다. 이런 경우 군인들은 곧바로 다른 대상을 찾아내어 계속 폭력을 행사했다. 그는 또 다시 표적이 된 민간인에게 달려가서 같은 방식으로 보호했다.

광주 관련 뉴스가 미국에 보도될 때, 팀의 부모님과 록산느는 팀에 관한 어떤 소식이라도 들을 수 있을까 촉각을 곤두세워 뉴스를 들었다. 일주일 후, 팀에게 전화가 걸려 와 안심할 수 있었지만, 당시 팀이 어떤 행동을 할지 예상할 수 없었기 때문에 그가 다치지 않을까 두려웠다고 한다.

같은 고등학교를 졸업한 고향 친구인 로버트 그로트존 역시 광주에 관한 모든 소식에 귀를 기울이며 팀을 걱정하기는 마찬가지였다. 팀이 그해 여름 미네소타를 방문했을 때 광주에서 본 끔찍한 폭력과 택시 운전사들의 행동에 감명받은 이야기, 어떻게 항쟁의 관찰자에서 참여자가 되었는지 들려주었다고 한다.

로버트는 팀의 소개로 광주에 있는 영어 교사로 한국에 처음 오게 되었다. 당시 팀은 광주자원봉사단을 이끌고 있었는데, 전남대학교 의

대생으로 이루어진 이 모임은 지적장애인의 시설을 정기적으로 방문해 청소를 비롯하여 정서적 유대감을 형성하는 등 다양한 일을 도왔다고 한다. 하루는 두 사람이 광주에서 금남로를 팀과 함께 걷고 있을 때 길가 꽃집의 남자가 팀을 가족 모임에 초대한 적이 있었다. 광주항쟁 당시 팀이 도운 부상자 중 한 사람이었다. 로버트는 팀이 소개해 준 영어 교사직으로 한국과 처음 맺은 인연을 이어갔고, 전남대학교 영어 교수로 은퇴했다. 로버트는 팀이 자신뿐 아니라 그를 아는 모든 사람의 인생에 긍정적인 영향을 미쳤다고 회상했다.

팀은 한국인 입양아 관련 일을 하기도 했다. 10~20여 명의 아이가 한국의 고아원에서 미국으로 오는 여행에 아이들을 안전하게 보살펴 데려오는 일이있다. 김프 김치Kamp Kimchee의 수전 기닝헴조플링은 팀과 아주 친한 친구가 되었는데, 그가 데려온 아이들뿐 아니라, 그녀에게도 자신의 정체성과 뿌리를 찾는 데 큰 영향을 주었다고 한다. 한국어에 유창하고 한국 문화에 아주 익숙한 팀이 한국과 미국을 잇는 다리 역할을 했다고 말한다.

1980년대 초, 팀은 록산느에게 보낸 편지에 한국 생활의 힘든 점을 털어놓기도 했다. 백인이고 금발인 그는 언제나 눈에 띄었고, 같은 행동이라도 백인이고 미국인이면 더 큰 비난을 받게 되어 미국을 대표하는 무대에 서 있는 기분이라고 했다. 팀은 자신이 느끼는 고립감, 어디를 가도 그가 누구이며, 다르게 생겼다는 사실을 생각해야 한다는 중압감, 그러면서도 주변 사람들과 진실된 관계를 유지하고 싶은 마음을 표현했다. 한때 한국을 떠나려고도 했지만, 한국 친구들과 쌓은 진실한 우정으로 한국에 계속 머물렀고, 이런 우정은 평생 지속되었다.

팀은 어려서부터 자신이 '다르다'라는 사실을 알고 있었고, 곧 동성

애자임을 깨달았으나, 절친한 키브에게도 오랫동안 숨겼다. 그가 자란 작은 마을에서 커밍아웃한다는 것은 엄청난 용기가 필요했고, 기독교의 영향으로 두려움, 죄책감, 수치심 등이 복합되어 있었다. 그는 친구 키브와 누나 록산느에게는 자신의 정체성을 알렸으나, 다른 가족에게는 에이즈 진단을 받은 후에야 알리게 된다.

그는 하와이대학교의 한국학 박사과정에 입학한 후, 박사학위 논문을 준비하기 위해 시조시인인 조종현의 「자정의 지구」를 영어로 번역했다. 하와이에서 그는 자신의 정체성을 숨기지 않았고, 한국어도 다시 공부하면서 섬의 아름다움을 만끽하며 행복한 시기를 보냈다. 1991년 박사 논문을 거의 완성했을 즈음, 버클리의 동아시아 연구소에 취직하는 것이 목표였다.

팀은 에이즈로 위독한 상태가 되었을 때, 고향 브레이너드로 돌아왔다. 그의 부모님을 포함한 가족은 그를 반겼고, 새로운 약을 처방받으면서 건강을 점차 되찾았다. 그의 가족은 팀이 에이즈에 감염되었다는 사실을 주변 사람들에게 공개했는데, 에이즈 환자에 대한 낙인을 깨려는 의도적 결정이었다. 그는 대체로 따뜻한 환영을 받았지만, 신앙이 깊은 친구로부터 지옥에 갈 것이라는 긴 편지를 받기도 했다.

그는 호스피스 병원에서 마지막 8주를 보내기 전까지 여행을 다녔고, 친구들을 만났으며 아주 활동적이고 바쁘게 지냈다. 록산느는 팀이 죽음 앞에서도 늘 유쾌하고 당당했다고 회상했다.

* 이 책의 공동 저자인 맷 밴볼켄버그는 팀 원버그의 가족과 지인, 한국어 수업, 광주항쟁에서 만났던 사람들과의 화상 채팅, 서면 인터뷰 등을 통해 그의 인생을 추적했다.

팀 원버그

한국에 오기 전
팀 원버그의 모습

팀 원버그의 가족, 1992년. 뒷줄 오른쪽 끝 팀 원버그가 부모님 옆에 서 있다.

팀 원버그와 데이비드 돌린저가 광주 근처 한센인 마을을 방문했을 때의 모습

팀 원버그와 폴 코트라이트. 1979년 나주의 호혜원에서

## 테리 앤더슨 기자에게 보낸 편지, 1992년 3월 20일

*팀 원버그와 미국의 언론인 테리 앤더슨은 1980년 5월 광주에서 만났다. 광주항쟁 당시 <AP 통신> 기자였던 테리 앤더슨은 레바논에서 6년간 인질로 잡혀 있다가 1991년 풀려났다.

친애하는 테리에게

안녕하세요, 저는 팀 원버그라고 합니다. 우리는 거의 12년 전 남한의 광주에서 만났습니다. 저는 당시 평화봉사단이었고 당신은 광주에서 벌어지고 있던 만행을 보도하고 있었습니다. 당신은 AP 통신에 보도하기 위해 나를 인터뷰 했었지요. 동료였던 주디 챔버린과 타임 지의 로빈 모이어 사진작가도 있었고요. 오랜 시간이 지나 당신에게 다시 연락할 기회가 생겨 정말 기쁩니다. 저는 당신 명함을 항상 책상에 보관하고 있었습니다. 당신이 인질로 잡힌 사건과 관련된 뉴스가 나올 때마다 생각이 났고, 빨리 풀려났으면 바랐습니다. 우선, 다시 자유롭게 되어 가족의 곁으로 가게 된 것을 축하하고 따뜻하게 환영하고 싶습니다. 당신의 억류와 석방에 대해 최근 보도된 기사는 정말 감동적이었습니다. 감금되기 전부터 풀려난 후까지의 이야기는 당신이 광주에서 있었던 끔찍한 일을 보도할 때 보여주었던 열정과 인간애를 생각나게 했어요. 당신의 시를 포함해 최근의 글도 가장 절망적인 상황일지라도 당신이 분노나 씁쓸함에 지지 않았고, 아직도 건재하다는 걸 잘 보여주었습니다. 객관성을 유지하려 노력하는 태도와 사람에 대한 애정, 그들을 이해하려는 노력이 드러났습니다.

나는 한국에서 평화봉사단으로 근무한 후, 1985년까지 공부와 일을 병행하다가 다음 해 미국에 돌아왔습니다. 하와이대학교 대학원에서 한국문학과 한국어를 공부하였고요. 1987년에는 「광주항쟁: 목격자의 견해」라는 논문을 한국학 저

나의 이름은 임대운

Dear Terry,
    My name is Tim Warnberg and I met you in Kwangju, South Korea nearly twelve years ago when I was a Peace Corps volunteer and you were reporting on the massacre in that city. My co-worker was Judi Chamberlin and you interviewed me for the Associated Press and taped the interview as well. Robin Moyer, a photographer for Time magazine was also there. I am so happy that after all these years I now at long last have the opportunity to recontact you. I have kept your business card on my desk and thought about you each time there was some snippet of news about the hostages, hoping for your safe release soon. Before going any further, I want to warmly welcome you back to your freedom and your family. Your recent article about your captivity and subsequent release was very moving. Both before and after your forced confinement I have thought about your compassion and kindness when you were reporting on the horror which we witnessed in Kwangju. Your recent poetry and writing reveal that you still have not become jaded and have not been consumed by anger and bitterness but, even in the most depressing of circumstances, have tried to maintain your objectivity and your obvious understanding of and affection for people.
    After my Peace Corps experience I stayed in Korea, studying and working until 1985. I returned to the U.S. in 1986 and became a graduate student in Korean literature and language at the University of Hawaii. In 1987 I wrote an article, enclosed with this letter, titled <u>The Kwangju Uprising: An Inside View</u> which was published in the Journal of Korean Studies. I received my Master's and was working on my PhD when I got the devastating news that I have AIDS. I returned home to my family in Minnesota and have improved somewhat but the disease is slowly taking its toll. I have thought back to the events in my life which have profoundly affected me and I think of those chaotic days in Kwangju. Not only was I affected by the horror of the massacre and shocked at what humans can do to each other, but, in the midst of catastrophe, I was also impressed with your courage and determination. As a reporter you endeavored to get the truth out, yet you never lost sight of the fact that the stories you were writing were about real people with real emotions. Although people may think that all reporters have these qualities I realized then that this is definitely not the case.
    I hesitate to intrude further on the precious time you are spending with your family but my own situation forces me to be bold: I am wondering if the tape you made of my interview in Kwangju in May 1980 still exists. I don't know what your policy is concerning the tapes you made when you were covering stories but, if possible, I would like to get a copy so that I can listen to my first-hand account of the massacre. If you have taped over the interview or lost the tape I will certainly understand. If that is the case please accept this letter as a welcome back to "the world" and a wish for much good fortune in your future endeavors. If you would like to contact me my phone number and address are listed below.

Sincerely,

Tim Warnberg (March 20)

널에 발표하기도 했습니다. 석사학위를 마치고 박사과정을 밟던 중, 에이즈 진단을 받았어요. 절망스러웠습니다. 미네소타의 가족에게 돌아와 상태가 호전되기는 했지만, 이 병은 서서히 저를 갉아먹고 있습니다. 제 인생에 가장 깊게 영향을 준 사건들을 돌이켜보았는데, 그건 광주에서의 혼란스러웠던 날들이었어요. 학살의 공포에 영향을 받은 것뿐 아니라 인간이 다른 인간에게 할 수 있는 일에 충격을 받았습니다. 그러나 그 재앙 속에서 당신이 보여준 용기와 결단력에 깊은 인상을 받았습니다. 기자로 사실을 알리려 노력하면서도, 당신은 진짜 사람들의 실제 감정을 쓴다는 사실을 잊은 적이 없었습니다. 사람들은 모든 기자가 이런 자세를 가졌다고 생각할지 모르지만, 그때 나는 그렇지 않다는 것을 분명히 깨닫게 되었습니다. 당신은 정말 다르다는 것을요.

    가족과의 소중한 시간을 방해하고 싶지 않지만, 제가 처한 상황이 이렇게 용기를 내게 합니다. 1980년 5월 광주에서 저를 인터뷰했던 테이프가 아직 있는지 궁금합니다. 보도할 때 만든 테이프와 관련해 어떤 규정이 있을지 모르겠습니다만, 가능하다면 제가 인터뷰했던 테이프의 복사본을 받아 당시 제가 목격했던 내용을 말하는 장면을 들어보고 싶습니다. 이미 테이프가 지워졌거나 분실되었다고 해도 이해합니다. 만약 그렇다면, 이 편지를 이 세상으로 돌아온 것에 대한 환영의 인사로, 당신의 미래에 행운이 깃들기를 바라는 기원이라고 여겨주십시오.

팀 원버그 드림

부록 2. 세상에 알리다

## 데이비드 돌린저의 수기

데이비드 돌린저(임대운)는 1980년 5월 19일 아침부터 자신이 목격한 내용을 적기 시작했다. 광주항쟁 기간에 목격한 내용을 써 달라는 요청을 갑자기 받기도 했는데, 거칠었던 처음의 메모를 다른 사람도 이해할 수 있는 글로, 또 발생한 시간 순으로 적을 이런 기회가 여러 차례 있었다. 이 책에 수록된 그의 수기는 1981년 6월 국제 인권법 단체가 유엔(UN:United Nations)에 한국의 인권 관련 청원서를 제출할 때 그가 보낸 것으로, 광주를 당시 로마자 표기법인 'Kwangju'가 아닌 'Gwangju'로 표기해 달라는 요청을 받았다.

(1.)

May I first say that all information contained within this document are facts which I observed first hand.

I first came to South Korea on April 21, 1978 as a member of the United States Peace Corps. Upon arrival I recieved ten weeks of intensive language and cross cultural training in Chungju the provincial capital of South Chung Cheong Province. I was sworn in as a Peace Corps Volunteer on June 29, 1978. On July 6 I began my duties as a tuberculosis control worker in South Cholla Province, Yeongam County Health Center, (Yeongam being located 56 Km southeast of Gwangju). I was a volunteer in Yeungam until June 11, 1980 when I was told by the Peace Corps country director to submit a letter asking for early completion of service (I should have completed on July 30, 1981 because I had been granted a one year extension of service).

On May 15, 1980 the students thru out Korea had agreed to return to the campuses and to stop demonstrating. This was as a result of an appeal made jointly by Kim Dae Jung and Kim Jong Pil. The cities thru out Korea were quiet Friday May 16. The night of May 16 the people of Gwangju (approximately 2000 people) held a candle light march from Gwangju Railroad Station to the Medical School of Chonnam University to show the wish for democracy. The march was very peaceful and orderly with the police march at the sides of the marchers.

Saturday was again quiet, and the atmosphere of the city was relaxed; people were hoping for the best. That night martial law was declared along with the arrests of numerous people. The people of Gwangju and Korea awoke Sunday May 18 not knowing what had happened only knowing that the hope they had had was no longer real.

That morning when Chonnam students attempted to enter the campus they were deined access by martial law soldiers. The students who did gain access where physically removed often with parts of the clothing remaining on the campus. This happen to female students alike; soldiers attempting to remove them often had the shirts torn, some even had their shirts ripped off their backs.

Because the students were denied access to their campus (which by law the soldiers were not allowed to enter the met in a market place in Dae In Dong (this was also spurred by the fact that a student was bayonetted to dept. while trying to enter the campus; I did not witness the bayoneting). Because of these facts and others (declaration of martial law, arrest of Kim Dae Jung) the students decided to march and let the city know how they felt.

At a approximatly 12:30 about 200 students came marching out of an alley in Dae In Dong marching towards Geum Ro the major street of Gwangju. As they marched the sang that "Chun Doo Whan must resign" and that Kim Dae Jung must be released. At Geum Ro the marchers faced off with martial law soldiers. At first it appeare that that was all that was going to happen no violence

For some reason the martial law soldiers starte shouting at the students and the crowd, (at this tim the martial law troops commanded Geum Ro with the marchers and onlookers in the side streets and on the side walk. The students and onlookers then picked up stones from a construction site (they were building an underground shopping mall under Geum Ro) and started throwing them at the troops. To make matters worse the troops started taunting the people by running in front of the other troops and waving their hands. Officers were also ordering their men to do it

Then with out warning the troops attacked (in unison). (This is very strange as the troops were in groups on Guem Ro, a group at the mouth of the major streets opening on to Guem Ro). The soldiers used their billy club to attack the people hitting anyone that they caught. They even went into stores hitting everyone in the store before leaving. The hitting and beatings were indiscrimin[ate]. Those people which the troops decided to hold (usually those most severely beaten) were forced into the middle of Guem Ro where they were forced in to trucks with billy clubs. If they slowed at all they were beaten even more, some had to be thrown into the trucks, with their heads split open. By about 3:30 PM the worst was over. The troops were back on Guem Ro with the people in the side streets. Curfew was at 9:00 PM.

Monday morning, I returned to Yeongam and did not return to Gwangju until May 21. Buddha's birthday. I walked from Naju to Gwangju, it took about it took about 5 hours to walk the 24 Km.

I arrived on the outskirts of Gwangju at about 3:30 PM where I met a person I knew and we walked into the downtown. Along the way we saw the dead body of a man who had been shot in the chest. His body was on the hood of a military Jeep, he was being shown to the people to show them that the death and horror were real. He was being shown by fellow citizens.

As we neared downtown I heard a helicopter, with its approach I saw people in the streets run for cover. I was told that they (the troops) had been flying over since morning and shooting into the crowds. I then saw it myself as a helicopter flew over downtown I saw a soldier lean out of the side door and fire a gun. On Thursday when I visited the major hospitals I saw those wounded by the fire. All had wounds of the upper torso with the projectile trajectory going downwards.

When I reached downtown I saw Guem Ro jammed with people, you could barely move on the sidewalks. The soldiers were in front of the provincial offices.

At around 5:30 I returned downtown, at most a five minute walk from where I stayed. On the way I was directed to a private clinic where I saw three young men in the treatment room. They were suffering from gun shot wounds and bayonet wounds. One patient had three bayonet wounds, two in his chest and one in his arm.

From Guem Ro sporadic gun fire could be heard. As I neared I saw that the people were no longer in the street but were in the side streets peering around the building corners. When I peeked around I saw a tank parked in front of the Gwangju Bank opposite the Cheil Bank. The soldiers were also shooting up the street so as to keep everyone off of it. The machine gun on the tank was used. This gun fire was sporatic and did not seemed to be directed at anyone.

That night the troops withdrew and the citizens of Gwangju controled their own city.

Thursday May 22 was a day of happiness, but also a day of worry, pain, sorrow but most of all a day of organizing. From Thursday until Monday May 26 (the soldiers retook the city early Tuesday May 27) I spent my time visiting the hospitals, translating for foreign reporters and also in the provincial offices with my friends who were deeply involved with what was going on.

When the soldiers retook the city I counted 14 tanks, 4 armoured personnel carriers, 1 flame throw which was carried by a soldier in the provincial office.

During the Gwangju Incident I was able to talk with the soldiers involved, they stated that the only reason that they were doing what they were doing was because they were ordered and because the people involved were communists. They were not drugged nor starved. The Black Berets the soldiers involved, are taught to kill

데이비드 돌린저의 수기

AND OBEY NOTHING ELSE. FROM A SOURCE WHO WORKED FOR THE KOREAN ARMY I WAS TOLD THAT ALOT OF THE OFFICERS IN CHARGE WERE FROM THE CHOLLA PROVINCIAL AREA AND WERE USED BECAUSE THEY HAD TO SHOW THEIR LOYALTY TO THE GOVERNMENT AND WOULD BE HARDER ON THEIR OWN PEOPLE.

About those killed my own estimations are that between 1000 and 1500 people were killed (from what I observed, and from what I know) But this figure is very hard to come up with because the soldiers did take away large numbers of wounded, and many people are still missing. But it can be said that of the population in Gwangju (over one million) all have suffered a lost either relative or friend.

While the citizens controlled Gwangju those in charge opened the police gymnasium so that 67 caskets could be displayed and memorial services could be held. The age ranged from a four year old to a 67 year old grandfather, both male and female, student and worker.

Let it be known that the citizens planned on burying those in the gymnasium on Sunday May 25. But the martial law command would not allow it. ~~But the martial law command would not allow it.~~ One of the demands of the martial law command was to retain all bodies for autopsy. So the Gwangju dead were not buried when they should have been by Korean customs.

Let it also be known that the citizens in charge wanted a peaceful settlement, but knew that the soldiers would attack and that their lives would be sacrificed.

To the best of my knowledge everything stated in this document is a fact witnessed by me.

7/8/81
Cleora E. Clark
CLEORA E. CLARK
Notary Public, Phila., Phila. Co.
Phila, Pa  My Commission Expires Jan. 2, 1983

David Dolinger
DAVID DOLINGER

# 헌사

이 책을 나의 아내와 아들에게 바친다. 그들이 없었다면 어땠을까 생각할 수 없다. 무엇보다 이 책을 나보다 일찍 떠나야 했던 이들, 내가 매일 떠올리며 눈물짓는 그들에게 바친다. 내 일생 동안 나를 도와 준 모든 사람, 그리고 내게 따뜻하게 대해 주고 지지를 보내 준 나의 한국 가족과 친구들에게도 바친다. 나의 괴팍함을 참아주는 좋은 친구 박소영, 내가 알도록 혹은 모르도록 지지를 보내 준 수와 랜디, 평화봉사단으로 영암에 있을 때 나의 부족함을 참아 준 이들에게 감사한다. 그리고 아직 살아 있었으면 하고 간절히 바라는 팀 원버그, 팀과 함께 하는 시간이 내 인생에 더 허락되었으면 하는, 그에게 이 책을 바친다. 나는 아주 운이 좋은 삶을 살았다. 훌륭한 멘토들을 만났고, 흥미롭고 헌신적인 사람들을 알았고, 아주 좋은 친구들을 사귀었다. 이들 한 사람 한 사람이 모두 이 회고록을 내는 데 도움을 주었다. 이들이 언제나 나를 위해 내 곁에 있던 것처럼 나도 언제나 이들을 위해 함께할 것이다.

## 감사의 말

많은 분의 도움이 없었다면 책을 완성할 수 없었을 것이다. 원고 초안을 읽고 통찰력 있는 조언을 해 준 존 던바John Dunbar와 자토 즈웨트루트Jaco Zwetsloot 그리고 영문 원고를 교정한 수잔 크라우더 한Suzanne Crowder Han에게 감사의 말을 전한다. '팀 원버그를 추모하며'에 기여한 록산느 윌슨Rozanne Wilson, 키브 패어뱅크스Keevie Faibanks, 폴 코트라이트Paul Courtright, 수잔 커닝햄 조프링Susan Cunningham-Jopling, 노렌 러쉬Noren Lush, 로버트 그로트존Robert Grotjohn, 안지 휴스Angie Huse, 테리 앤더슨Terry Anderson 및 게리 비버스Gerry Bevers, 이 책을 한국어로 번역해 준 최용주에게도 깊은 감사를 보낸다. 그리고 우리가 이 책을 쓰면서 의기소침해졌을 때 격려와 조언을 해 주고 원고 작성에 필요한 여러 자료를 꼼꼼하게 챙겨 주면서 책의 마침표를 찍을 수 있게 해 준 편집자 박소연에게도 감사드린다.

### 데이비드 돌린저

　내 이야기와 생각을 경청하면서 통찰력과 자극을 주고 이 구식 자연과학자가 이 무모한 이야기를 쓸 수 있도록 진정으로 도와 준 맷이 없었다면 불가능한 일이었다. 토론과 격려는 물론 여러 가지 지원을 해 준 마시 린Marcy Lynne과 팀 쇼락Tim Shorrock에 감사한다.

　1980년 5월에 나와 함께 있었던 모든 분에게 감사의 인사를 전한다. 당신들은 나에게 환영의 꽃을 건네주었고, 그 운명적인 날에 당신들이 보여 준 것처럼 타인의 삶에 자신을 헌신할 수 있도록 나를 이끌어 주었다.

### 맷 밴볼켄버그

　5.18에 대한 기억을 공유해 준 마사 헌틀리Martha Huntley와 바바라 피터슨Barbara Peterson 그리고 서던캘리포니아대학교의 평화봉사단 한국 아카이브의 자료를 제공한 스티브 리터라티Steve Literati, 평화봉사단 활동에 대한 이야기를 공유해준 전 평화봉사단 단원인 수잔 크라우더 한, 톰 코이너Tom Coyer 및 고 피터 바돌로뮤Peter Bartholomew에게도 감사드린다. 마지막으로 사랑과 후원을 보내 준 부모님과 여동생 제인Jane에게 고마운 마음을 전한다.

**나의 이름은 임대운**
CALLED BY ANOTHER NAME

1판 1쇄 발행 2022년 5월 12일

글 데이비드 돌린저(임대운)/맷 밴볼켄버그
**번역** 최용주

**표지 사진**
위 ⓒ데이비드 돌린저(임대운)
아래 ⓒ이창성, 5.18기념재단

ISBN 979-11-978605-0-8

**펴낸이** 박소연
**편집** 박소연
**교정** 박기원
**디자인·지도** VUE

**펴낸 곳** 호하스
등록 2020년 5월 13일 제 385-2020-000024호
주소 (14055) 경기도 안양시 동안구 시민대로327번길 11-41, 9층
홈페이지 www.goggasworld.com
전자우편 contact@goggasworld.com

\* 이 책의 인세는 '임대운과 함께하는 오월'에 기부됩니다.
\* 출판사 호하스는 '객'으로 논픽션을 펴냅니다.
\* 이 책의 내용 전부 혹은 일부를 재사용하려면 반드시 저작권자와 출판사 호하스의 동의를 받아야 합니다.
\* 책값은 뒤표지에 표시되어 있습니다.